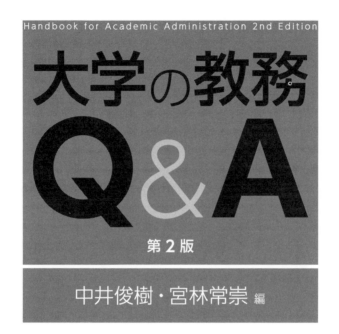

Handbook for Academic Administration 2nd Edition

大学の教務 Q&A

第2版

中井俊樹・宮林常崇 編

玉川大学出版部

第2版刊行にあたって

　2012年に刊行した『大学の教務 Q＆A』は多くの大学関係者に読まれ活用されました。新しく教務を担当することになる職員が毎年配置されるという背景のもとで、大学の教務の現場で蓄積した実践的な知識を提供したこと、Q＆Aという形式で整理したこと、そして多くの大学職員が書籍の執筆者になったことが評価されたのではないかと考えています。多数の大学関係者に支えられ、このたび第2版を刊行することができました。

　第2版の目的も初版と基本的には変わりません。大学の教務の現場で蓄積した実践的な知識を整理して提供することを目的としています。しかし、初版刊行から10年以上の時間が経ち、大学の教務の環境は大きく変化しました。2020年からのコロナ禍や2022年の大学設置基準の改正等の社会や法令の変化は、大学教育や教務のあり方に大きな影響を与えました。そのため、大学の外部環境変化を踏まえた加筆修正を行いました。

　また、第2版の作成に役立ったのは、初版の内容を活用した研修での反響です。初版の刊行後、初版の執筆者を中心として大学教務実践研究会が設立されました。大学教務実践研究会では、研修活動を継続的に実施しており、1回の研修で500名近くの参加者が集まるような規模に発展しています。研修の中で、参加者の反応を確認すると、初版に対して追加や修正したいと考える内容に気づきました。研修の現場で発見した改善案を今回の改訂に盛り込みました。結果として、質問と回答の数を100から115に増加するなど、第2版は初版から大きな変更を行うこととなりました。

　今回改訂できたのは、初版の執筆者らが後進を育成したからでもあります。初版の執筆者の半数以上は現在では大学を退職しています。彼らは在職中に大学教務実践研究会を設立し、次の世代につなげていく仕組みを整備しました。この第2版の作成も、現役世代が草稿を作成して、初版の執筆者がコメントをするという役割分担で完成にたどりつくことができました。

　本書で使用する用語についてあらかじめ説明します。職員という用語は、法令において大学教員を含めて用いられる場合もありますが、本書では大学教員を含まない用語として使用しています。大学教員を含む場合には、大学の現楊で使わ

3

れる教職員という用語を使用します。また、学習と学修の用語についても本書において整理しました。大学設置基準において、大学における単位修得につながる学生の学びを学修としていますが、教務が扱う学生の学びは単位修得の有無に関係しない広範なものであるため、法規や政策文書の引用部分を除いて、学修を含む用語として学習を使用します。

　第2版は、教職員能力開発拠点として認定されている愛媛大学教育・学生支援機構教育企画室の活動の一環として作成しました。刊行にあたっては、全国で活躍する多くの教職員から有益な示唆や情報をいただきました。その一部の方は協力者として巻末に列挙しています。また、玉川大学出版部の石谷清氏と山下泰輔氏には、第2版の作成を快くお引き受けいただき、刊行までにさまざまな点でお力添えいただきました。

　今回の改訂によって、大学の教務に関わる教職員にとってより役立つ内容になったのではないかと自負しています。本書が、初版同様に幅広く読まれ大学で活用されることを期待しています。

2023年5月5日

中井　俊樹

はじめに（初版より）

　本書は、大学の現場から教務の知識を収集して整理したものです。主に教務部門の職員からの 100 の質問に対して、教務部門の経験豊富な職員と高等教育分野の教員が検討した上で回答をまとめています。

　従来、教務の実践的な知識は、『今日の大学運営』（1983）や『大学運営必携』（1987）などの文部省大学局（当時）が作成していた書籍にまとめられていました。800 ページ以上ある事典のような書籍で、「どのようなときに定員増が認められるのか」、「教員や同窓会員などの推薦する者を入学させることはできるか」、「退学者の再入学を認めることができるか」などの質問に対して、文部省大学局職員が回答しています。業務を遂行する上で必要な知識が Q & A 形式でまとめられたこれらの書籍を何度も読み返したという大学職員は少なくないようです。

　こうした書籍は、ある時点から出版されなくなりました。1987 年に出版された『大学運営必携』が最後の書籍と言われています。急速に進む大学改革の中でそのような書籍を行政機関がつくり続けられなくなったためという見方もありますが、私はそうは捉えていません。国が提示した指針にそって各大学が業務を遂行するのではなく、各大学が責任をもって職務内容を判断していく時代になったことの現れだと考えています。そして、そのためには大学の中で運営に必要な知識を収集し整理した上で、業務に携わる教職員に広く共有させることが求められているのではないでしょうか。

　これまでも教務の指針をまとめた冊子はいくつかの大学で作られてきました。ただし、それらの冊子の多くは、その大学の中でのみ利用されるものであり、学外に公開されることはありませんでした。したがって、本書の最も大きな特徴は、大学側から運営に必要な知識を広く公開するという点にあると言えます。文部省大学局が作成した国の指針とは異なり、大学の現場において蓄積された知識を主体的に発信することに大きな意義があると自負しています。

　本書が想定する読者は、第一に大学の教務部門の職員です。教務部門においてどのように業務を進めていけばよいのかを理解し、業務を改善する一助となることを目的としています。教務の経験の少ない職員にとっては、難しいと感じる内容も含まれるかもしれませんが、教務という仕事の進め方や専門性を理解するき

っかけになればと考えています。教務部門の研修を担当する立場の職員にとっては、各種研修の教材になるでしょう。また、本書では便宜上、大学という用語を使用していますが、短期大学、大学院、高等専門学校などの高等教育機関の教務部門の職員にとっても役立つ内容が含まれていると考えています。

　本書は教務部門の職員のみを対象にして書かれたものではありません。本書の原型である名古屋大学で印刷した『教務のQ&A』は、総務担当や国際担当の職員にも読まれました。また、管理職にある教員や一般の教員も手にとりました。大学教育を支える教務の知識は、大学教職員にとって基盤となる知識の1つと考えることができるでしょう。

　また、高等教育政策の関係者にとっても参考になると考えています。大学の教育現場で対応に困ることの中には、個々の機関の課題というよりも法令や制度面の課題が原因となる場合があります。本書は、大学の教務の現場で何が起きているのかを知り、法令や制度面での整備を進めるという観点においても役立つでしょう。

　すでに述べたように、本書は国の指針ではなく、大学の現場において収集した実践的な知識をまとめたものです。当然、すべての大学に対し適切な回答を提示していると言い切ることはできません。また、本書の執筆者の解釈が間違っている場合もあるかもしれません。さらに、関連法規の改正や社会の変化によって、本書で示した対応が適切ではなくなることもあるでしょう。しかし、現時点の教務の生きた知識を共有することが、それぞれの現場において最適な対応策を見つける手がかりとなると考えています。そして、各大学で蓄積した知識を広く発信していただく契機になればと願っています。

　本書を読み進む中で誤解がないように、本文で頻繁に使用する職員という用語について説明しておきます。職員という用語は、教員を含めて使用される場合もありますが、本書では主に常勤および非常勤の事務職員を指し、教員を除いた者として用います。教員を加える場合には、教職員という用語を使用します。

　本書は、名古屋大学高等教育研究センターのFD・SD教育改善支援拠点としての1つの成果です。本書の刊行にあたり、多くの方々からご協力をいただきました。草稿段階では、多数の大学教職員から有益なアドバイスや資料をいただきました。その一部の方は協力者として巻末に列挙しています。ただし、言うまでもなく本書の内容に関する責任のすべては執筆者が負うものであります。また、

民家春菜氏（名古屋大学大学院生）、小川幸江氏（名古屋大学事務補佐員）、長江優美氏（名古屋大学事務補佐員）には、資料の作成や書式の統一などにご協力いただきました。そして、玉川大学出版部の成田隆昌氏には、今回の出版を快くお引き受けいただき、編集やレイアウトデザインなどさまざまな点でお世話になりました。この場をお借りして、みなさまに御礼申し上げます。

2012年1月5日

中井 俊樹

目　次

第2版刊行にあたって ……………………………………………… 3

はじめに（初版より）……………………………………………… 5

第1部　大学教務のための7つの指針 ———————— 17

1．大学の裁量が大きいことを理解する ……………………… 18

2．関連法令や政策を理解して適切に判断する ……………… 19

3．教育の論理を常に重要視する ……………………………… 20

4．学生の多様性を尊重する …………………………………… 20

5．社会常識に照らして検討する ……………………………… 21

6．他の構成員と連携を進める ………………………………… 22

7．力量を高める機会をつくる ………………………………… 22

第2部　Q＆A形式で学ぶ大学教務 ———————— 25

入学

Q1．大学の入学式の日をどのように決めたらよいでしょうか。 ………… 26

Q2．第1学年の始期以外に大学に入学する方法としてどのようなものが
　　ありますか。 ………………………………………………… 27

Q3．大学院への進学を促進するために、学部3年次に大学院内部進学希
　　望者を対象とした大学院入学試験を実施することは可能でしょうか。
　　　　　　　　　　　　　　　　　　　　　　　　　　　　　… 28

Q4．同一大学内であれば研究科が違う場合も修士課程から博士後期課程
　　へ進むときは進学と考えてよいでしょうか。 ………………… 29

Q5．男女共学の大学において女性の入学枠を設けることはできますか。 … 30

Q6．高校生のうちに大学教育を先取りで学習する方法としてどのような
　　ものがありますか。 ………………………………………… 32

Q7．既に入学金等の学費を支払った者が入学を辞退した場合、入学金等
　　を返還する必要はありますか？ …………………………… 33

学籍

Q 8．修業年限と在学期間はどのような違いがありますか。 ……………… 34

Q 9．博士課程の標準修業年限は大学院設置基準で 5 年と定められています
が、3 年ではないのですか。 …………………………………………… 35

Q 10．長期履修学生が期間の短縮を求めてきた場合、どのように対応すべき
でしょうか。 …………………………………………………………… 35

Q 11．新入生が 4 月 1 日から入学式までの間に事故を起こした場合、当該
大学の学生として扱うべきでしょうか。 ……………………………… 36

Q 12．休学の要件や期間はどのように定めるべきでしょうか。 …………… 37

Q 13．入学直後の 4 月 1 日からの休学は認められますか。 ……………… 38

Q 14．休学期間終了時に復学願あるいは休学期間延長願の提出がなく、本
人と連絡が取れない場合、学生の身分をどのように取り扱うべきで
しょうか。 ……………………………………………………………… 38

Q 15．除籍と懲戒退学の違いはどういった点にあるのでしょうか。 ……… 39

Q 16．学費未納で除籍になった者から再入学の申請がありました。再入学
を認めてよいでしょうか。 …………………………………………… 40

Q 17．死亡した学生の身分の取り扱いについて何に注意すべきでしょう
か。 ……………………………………………………………………… 41

Q 18．除籍になった者から、「履歴書に〇〇大学中退と書いてよいか」と
いう照会がありました。どのように答えるべきでしょうか。 ……… 42

Q 19．除籍になった者に対して、在学中の単位修得証明書を発行すること
ができますか。 ………………………………………………………… 42

Q 20．学生の懲戒処分はどのように行ったらよいでしょうか。 …………… 43

Q 21．大学入学前に犯罪や不正行為を行っていたことが発覚した場合、そ
の学生に対して懲戒等の処分を行うことができますか。 …………… 44

Q 22．学生がインターネット等で指導を行う他の大学にも在籍しているこ
とが判明しました。本学と他の大学の二重学籍を認めてよいでしょ
うか。 …………………………………………………………………… 46

カリキュラム・授業

Q 23．90 分の授業を大学設置基準における 2 時間の学習とする根拠はど
こにありますか。 ……………………………………………………… 46

Q 24．学期の区切り方にはどのような工夫や留意点がありますか。 ……… 47

Q 25．定期試験期間を授業期間に含めることは問題ないでしょうか。……… 48

Q 26．カリキュラムの中に必ず必修科目を置かなければいけませんか。 …… 49

Q 27．必修科目は必ず主要授業科目になるのでしょうか。 ……………………… 50

Q 28．授業科目の配列にはどのような工夫がありますか。 …………………… 51

Q 29．大学改革において授業科目の削減が話題になりますが、なぜ授業科目削減が改革につながるのですか。 ………………………………… 52

Q 30．キャップ制をどのように運用すればよいでしょうか。 ……………… 53

Q 31．キャップ制の運用にあたって、資格関連科目を履修上限の例外に置くことは適切でしょうか。 ………………………………………… 54

Q 32．習熟度別授業を取り入れる際にはどのような点に留意すべきでしょうか。 ………………………………………………………………… 56

Q 33．ＴＡにはどの程度まで授業を任せてよいのでしょうか。 …………… 57

Q 34．コロナ禍により普及した遠隔授業は、感染拡大のような緊急時以外にどのように活用できるのでしょうか。 …………………………… 58

Q 35．遠隔授業を活用しているにもかかわらず対面授業として扱われるのはどのような場合でしょうか。 ……………………………………… 59

Q 36．カリキュラム変更前に入学した学生に対してどのような点に配慮したらよいでしょうか。 ……………………………………………… 60

Q 37．履修証明制度はどのようなものなのでしょうか。 …………………… 61

Q 38．代理者による履修手続きを認めてもよいでしょうか。 ……………… 62

成績評価・単位認定

Q 39．成績評価の方法には、筆記テストとレポート以外にどのようなものがありますか。 ……………………………………………………… 62

Q 40．ＧＰＡ制度を導入しましたが、ＧＰＡ２.０未満の学生が多く出ています。どのような対応が必要でしょうか。 ……………………… 64

Q 41．追試験を実施する際、どのような学生が受験対象者となるのでしょうか。 ………………………………………………………………… 65

Q 42．試験期間後の退学であれば、学生に単位を認定することができますか。 ………………………………………………………………… 66

Q 43．大学院における教育は、授業科目の授業および研究指導により行うことと規定されていますが、論文指導のための授業に単位を認定することは認められますか。 ……………………………………… 66

Q44．インターンシップやボランティアの成果をどのように単位として認定したらよいでしょうか。 ……………………………………………… 67

Q45．他の大学等で修得した単位を認定するにはどのようにしたらよいでしょうか。 ……………………………………………………………… 68

Q46．学生が他の大学等で履修した授業科目の単位や TOEIC や TOEFL 等の結果を大学の単位として認定する場合、段階的な評定による成績評価を付す制度上の根拠はどこにありますか。 ………………… 69

Q47．正規学生以外の者が、大学の授業を受講し単位を修得することはできますか。 ………………………………………………………… 69

Q48．再入学した学生が退学前に修得した単位を、既修得単位として認定することはできますか。 ……………………………………………… 71

Q49．休学中に他大学で修得した単位を認定することができますか。 ……… 71

Q50．学部と修士課程の研究科を通した5年一貫の教育プログラムを構想しています。学部4年次に研究科の授業科目を履修するに際し、修士課程の修了要件となる30単位分の履修を認めてもよいでしょうか。 ………………………………………………………………… 72

シラバス

Q51．日本のシラバスはアメリカのシラバスと違うと聞きましたが、何が違うのでしょうか。 ………………………………………………… 74

Q52．シラバスの内容について授業担当者にはどこまでの裁量があるのでしょうか。 …………………………………………………………… 75

Q53．シラバスを点検する場合に職員は何ができるでしょうか。 ………… 76

Q54．シラバスはいつ公開する必要があるのでしょうか。 ……………… 77

免許・資格

Q55．教職課程の単位は、単独の大学ですべて修得する必要がありますか。 …………………………………………………………………… 77

Q56．教員免許取得のために開設した授業科目を、卒業のための必要単位に加えることはできますか。 …………………………………… 78

Q57．教員免許取得の課程認定を受けていない学部を卒業した者が教員免許を取得するためにはどうしたらよいでしょうか。 ……………… 79

Q58．1つの授業科目を複数の資格課程の科目として設定することは可能でしょうか。 ……………………………………………………… 80

Q59．公認心理師と臨床心理士の違いは何ですか。それぞれの養成課程で

大学が提供する授業科目にどのような違いがありますか。 ……………80

Q 60. 設置する予定の大学博物館において、学芸員養成課程の「博物館実習」を実施するためにはどのような条件が求められるのでしょうか。 ………………………………………………………………82

卒業・修了

Q 61. 大学の卒業の要件とされる最低の修得単位数は、なぜ124単位とされているのですか。 ………………………………………………83

Q 62. 飛び入学と早期卒業はどのような違いがありますか。 …………84

Q 63. 一部の単位が修得できないため卒業要件を満たせずに留年した学生が、翌年度の学年途中に卒業要件を満たした場合、卒業を認めることはできるのでしょうか。 ………………………………………85

Q 64. 学費未納の学生に対して卒業を認めることはできますか。 …………85

Q 65. 就職内定の取り消し等で実施されている卒業延期制度とは、どのようなものですか。 ………………………………………………86

Q 66. 2022年の大学設置基準の改正で、卒業の要件から「4年以上の在籍」という文言が削除されましたが、卒業要件の単位を修得した学生の早期卒業を認めることは可能でしょうか。 …………87

Q 67. 大学院博士課程の学生の満期退学とはどのようなものですか。 ………87

学位

Q 68. 学位にはどのような種類がありますか。 ……………………88

Q 69. 課程博士と論文博士はどのような違いがありますか。 …………………90

Q 70. 博士課程を持つ新設研究科において、論文博士はいつから授与できますか。 ………………………………………………………91

Q 71. 博士学位授与後1年以内に学位論文を公表する義務がありますが、特許や産学共同研究等の案件がある場合はどうすればよいですか。 ………………………………………………………………91

Q 72. 授与した学位を取り消すことはできないのでしょうか。 ……………92

証明書

Q 73. 改姓した卒業生から証明書の発行の願い出がありました。卒業生の新しい姓で証明書を発行することはできますか。 ……………93

Q 74. 入学後に改姓した学生から、旧姓のまま在学したいという申し出がありました。学籍上の氏名を旧姓で認めることは可能でしょうか。

··· 93

Q 75．学籍上は通称名を使用している在日外国人の学生から、学位記には
本名を記載してほしいという申し出がありました。学籍上の氏名と
学位記記載の氏名に相違があっても問題はないですか。 ················ 94

Q 76．休学中の学生に在学証明書を発行することはできますか。 ··········· 94

Q 77．休学中の学生に卒業見込証明書を発行することはできますか。 ······· 96

Q 78．卒業証書や学位記の再交付の要望があったときはどのように対応す
べきでしょうか。 ·· 96

Q 79．学習歴証明のデジタル化とは何でしょうか。 ·························· 97

学生支援

Q 80．大学においてユニバーサルデザインはどのように活用することがで
きるでしょうか。 ·· 98

Q 81．学生を他部署やカウンセラーにつなぐ場合にどのようなことに配慮
すべきでしょうか。 ·· 99

Q 82．合理的配慮はどのように実施したらよいでしょうか。 ··············· 100

Q 83．発達障害のある学生に対してどのような支援ができるのでしょう
か。 ·· 101

留学生

Q 84．留学生と外国人学生の違いは何でしょうか。 ························· 102

Q 85．留学生数の公表では非正規学生を含めている場合が多いようですが、
正規の日本人学生との比率に矛盾を生じないでしょうか。 ··········· 103

Q 86．外国の大学に在学中の者が日本の大学に転入学することはできます
か。 ·· 104

Q 87．留学生が留年や休学をする場合にはどのような不都合が生じます
か。 ·· 104

Q 88．留学生がアルバイトする際にどのような制約がありますか。 ········· 106

社会人学生

Q 89．社会人の学び直しのために提供するプログラムには、正規の学生と
して入学する以外にどのような方法がありますか。 ················· 107

Q 90．社会人学生が学び直しの成果をキャリアアップに活用する方法とし
てどのようなものがありますか。 ································· 108

Q 91．社会人学生が学びやすい環境整備としてどのような方法があります
か。 ·· 109

Q 92．社会人学生の経済的負担を軽減するにはどのような方法があります
か。 ·· 110

Q 93．最終学歴が高等学校の社会人を大学院に受け入れることができます
か。 ·· 111

教員

Q 94．基幹教員制度とは何ですか。 ·· 111

Q 95．助教と助手にはどのような違いがありますか。 ···················· 113

Q 96．サバティカル制度とはどういうものですか。また、サバティカルを
取得した教員は、教育活動や入試関係委員等を引き受けることはで
きませんか。 ·· 114

Q 97．大学院の教員審査に関して、㊒（マル合）や合とは何ですか。 ······ 115

教職協働

Q 98．ファカルティ・ディベロップメントに職員はどのように関わればよ
いでしょうか。 ·· 116

Q 99．教育関係の公募型プロジェクトに申請するにあたって、職員はどの
ような面で関わればよいでしょうか。 ·································· 118

Q 100．企業等の学外機関と連携して授業科目を実施する場合、教務には
どのような対応が求められますか。 ···································· 119

調査・分析

Q 101．教務のデータをどのように教育改善に役立てることができるでし
ょうか。 ·· 119

Q 102．卒業時の学習成果を評価するにはどのような方法がありますか。 ·· 120

Q 103．オンラインでの学生に対するアンケート調査への回答率を高める
にはどのような工夫がありますか。 ···································· 121

Q 104．卒業生に対してアンケート調査を実施したいのですが、どのよう
にすれば卒業生に連絡することができるでしょうか。 ················ 122

著作権

Q 105．卒業した学生のレポートを、教員が自分の授業の素材や見本とし
て利用することはできますか。 ··· 123

14

Q 106．遠隔授業において他人の著作物を活用できるのでしょうか。 ……… 123

Q 107．授業で学生が教員の音声を無断で録音していたことが判明しました。著作権侵害に当たらないでしょうか。 ………………………… 126

個人情報

Q 108．学生の各種データを収集・利活用するときに注意すべきことは何ですか。 ……………………………………………………………… 127

Q 109．成績に関わる学生の学習成果はどのように管理すべきでしょうか。 ……………………………………………………………………… 128

Q 110．自分の授業を受講している学生の他の授業における成績状況を確認したいという要望が教員からありました。どのように対応すべきでしょうか。 ……………………………………………………… 129

Q 111．学生の成績を保証人に通知することを検討していますが、通知する際に留意すべきことはどのようなことでしょうか。 ……………… 130

大学制度

Q 112．連携大学院、連合大学院および共同大学院とはどのようなものですか。 ………………………………………………………………… 132

Q 113．専門職大学と専門職大学院は制度上どのような違いがありますか。 ……………………………………………………………………… 133

Q 114．認証評価の導入によって、大学設置基準の役割はどのように変わったのでしょうか。また、大学設置基準が頻繁に改正されるのはどのような理由からでしょうか。 ……………………………… 134

Q 115．中央教育審議会の答申等の政策文書の動向を早めに把握する方法はありますか。 …………………………………………………… 136

コラム

名曲のモチーフになった英断 ………………………………………… 31

定型業務の中に専門性はある ………………………………………… 45

教務事務の効率化とそれにより捻出された時間 ………………… 55

大学職員のヨコのつながり …………………………………………… 73

教務情報システム雑感 ………………………………………………… 81

カンと経験と度胸 ……………………………………………… 89

教員、学生から信頼されるには ………………………………… 95

サービスの公平性 ………………………………………………… 105

「元気になる FD & SD」その後 ………………………………… 117

大学職員として必要なものとは ………………………………… 125

Q & A という形式 ……………………………………………… 135

第3部 大学教務のための資料 ——————————— 137

1. 年間スケジュール ……………………………………… 138

2. 教育関連法令の読み方 ………………………………… 140

3. 大学教育関連主要法令 ………………………………… 146

4. 大学設置基準の解説 …………………………………… 150

5. 主な審議会答申 ………………………………………… 152

6. 教務の基礎用語 ………………………………………… 160

参考文献 …………………………………………………………… 172

おわりに …………………………………………………………… 176

執筆者一覧 ………………………………………………………… 178

第１部　大学教務のための７つの指針

大学の教務は、入学、学籍の管理、履修登録、カリキュラム、成績評価、単位認定、卒業・修了、学位、証明書、資格取得等に関して、学生の学習を支援する業務です。学務という用語がほぼ同じ意味で使用されることもあります。大学によって組織体制や業務内容に違いがありますが、大学教育を支える幅広い業務が期待されています。

これまで教務については、書籍、ハンドブック、論文等にさまざまな視点からまとめられてきました。それらの先行文献を踏まえて、本書の執筆者は大学の教務において何が重要なのかを議論しました。その結果、本書の初版を刊行する際に大学教務のための指針を 7 つにまとめました。第 2 版では、初版の 7 つの指針に対する反響や大学が置かれた環境の変化を踏まえて、指針の内容を若干修正することにしました。みなさんが教務をとらえる際の参考になればと考えています。

1. 大学の裁量が大きいことを理解する
2. 関連法令や政策を理解して適切に判断する
3. 教育の論理を常に重要視する
4. 学生の多様性を尊重する
5. 社会常識に照らして検討する
6. 他の構成員と連携を進める
7. 力量を高める機会をつくる

1. 大学の裁量が大きいことを理解する

大学教育は、ある程度自由な環境を本質的に必要としています。そのため、大学教育を扱う教務は、外部から法令等を通して画一的に規制される面が少ないという特徴があります。規制される面が少ないということは、大学の裁量が大きいことを意味します。

たとえば、カリキュラムの編成について考えてみましょう。小学校では 4 年生のときに長方形の面積を学習することが決められています。学習指導要領によって教科ごとにいつ何を学習するべきかの基準が細かく示されているからです。一方、大学では学習指導要領に相当するものはありません。1991 年の大学設置基準の大綱化によって、それ以前よりもカリキュラムの編成における大学の裁量が

増えました。2022年の大学設置基準の改正においても、さらなる規制緩和が進められました。ディプロマ・ポリシーの明確化とカリキュラム全体の体系性は求められますが、教育内容や教育方法については自由度が大きいと言えます。各大学の自由な発想に基づいた教育が、高等教育全体の活性化につながると考えられているからです。

　教務においては、事細かに定められた法令にしたがって業務を遂行するというより、大学の教育方針を念頭に置いてさまざまな事案に適切に対処するという業務の進め方が求められているのです。裁量の大きさと大学の教育方針を念頭に置いた判断こそが、教務の醍醐味と言えるでしょう。

２．関連法令や政策を理解して適切に判断する

　教務は大学の裁量が大きいとは言え、教務の業務に関連する法令や政策があることを忘れてはいけません。国で定められている法令はきちんと理解しておく必要があります。また、告示や通達等の参照すべき行政文書もあります。学校教育法や大学設置基準等の教育関係の法令だけでなく、個人情報、著作権、学校保健等の法令にも一通りは目を通しておきましょう。

　関連法令をきちんと理解しておく意義はいくつかあります。まず法令遵守は社会人としての最低限の義務です。法令の知識が不足していたことによるミスやトラブルは避けたいものです。また、法令の本来の意味を見誤らないように、法令がどのような意図で定められたのかを理解して判断することも大切です。

　法令を理解するということは、教務の裁量の範囲を知ることにもつながります。教育上は望ましいと考えたことが、現行の法令の中で可能かどうかを知ることができます。法令で制限されていない限り、大胆に挑戦してみるという姿勢も求められます。また、教務の中には、学内の方針や規則をつくるという重要な業務があります。その場合も、裁量の範囲を理解し法令に抵触しないようにしなければなりません。

　審議会の答申等の政策文書にも注目しておく必要性が高まっています。政策文書はやがて法令になって大学に影響を与える可能性があるからです。また、法令にならない段階でも、政策文書の内容を推進する公募事業が進められたり、認証評価の際に大学に要請されたりすることがあります。政策文書に示された内容の

実績によって大学への予算配分額に差が出てくる仕組みも進められています。

3. 教育の論理を常に重要視する

　教務担当職員が重視すべきは、教育の論理です。「教育は教員の専権事項」という声も聞きますが、職員も教育の一端を担っているという自覚をもつべきです。特に組織的な教育を進める上で教務担当職員の役割は小さくありません。

　教育の現場では、経営の論理がなじまないことが多々あります。たとえば経費削減のみを目的として多人数の授業やeラーニングばかりにしてしまうことは、教育の論理では問題と言えるでしょう。教育の論理においては、とりわけ学生の学習に関わる権利が重要です。学生の学びたいという思いをどのようにして大学として支援できるのかを考えなければなりません。

　教務の業務ではミスやトラブルが起こることもあります。ミスやトラブルの原因が大学にあるときは、学生の権利に最大限に配慮する必要があります。解決策にいくつもの選択肢があるときは、学生にとって不利益にならない対応策を選ぶことが原則です。

　教育の論理は重要ですが、それは学生を甘やかすという意味ではありません。学生は教育の改善に資する意見を出すこともありますが、時として無理な要求をすることもあります。大学が対応すべき内容かどうかを客観的に判断し、学生が無理な要求をした場合には、大学がその要求を受け入れられない理由を丁寧に伝えましょう。人を育てる現場で働く者として、一人ひとりの学生を思いやる優しさとともに、学生を甘やかさない厳しさを持つ必要があるのです。

4. 学生の多様性を尊重する

　学問の世界においては、誰もが国籍、性別、年齢、障害の有無等において差別されてはなりません。多様性の尊重は学問の精神の1つと言うこともできるでしょう。

　また、多様な属性を持った学生は、大学の活力を生み出し教育効果を高めます。管理や効率性という観点では、一様な学生を集め同一のサービスを提供したほうがよいのかもしれませんが、教育の観点ではそうではありません。

たとえば、留学生の受け入れについて考えてみましょう。留学生は、単に大学が国際貢献として受け入れているわけではありません。キャンパスに留学生がいることで、その他の学生は日常的に国際性を感じることができ、留学生の文化や価値観を学ぶ機会も生まれます。つまり、留学生の受け入れの支援をすることは、学生全体を支援することになるのです。

　大学の教職員は、学生の多様性を尊重することが求められます。学生の多様性を業務の効率性を阻害するものと見なすのではなく、学生の視野を広げ教育効果を高めるものととらえる必要があります。

　社会人学生、編入学の学生、障害のある学生、スポーツ特待生等も多様性を持った学生と言えます。極端かもしれませんが、すべての学生がそれぞれの個別性を持った多様な学生であると考えることもできるでしょう。

　学生の多様性を尊重するには、画一的な業務の遂行では限界があるかもしれません。多様な学生が安心して学べる環境をつくり、それぞれの立場を考慮して支援することが求められます。また、大学教職員は自らが多様性を尊重するとともに、学生にも多様性の意義を伝えていく責任があります。

5．社会常識に照らして検討する

　教務の業務の中では、法令が想定していない事案が少なからず生じます。その場合、社会常識に照らして判断することも重要です。つまり、大学の外の一般市民から見て、教務の判断が適切であると認められるかどうかです。

　大学の世界は大学の外側の人々から特殊だと言われることがあります。大学に長く所属すると大学内部の特有な判断に慣れてしまい、世間の感覚からずれてしまうこともあるでしょう。そのため大学の外部から意見を聴くことは重要です。学問の論理や教育の論理に基づく特殊性は丁寧に説明するべきですが、根拠を示して説明することができない特殊性は改善を検討しなければなりません。また、大学に就職して間もない新任の教職員が発する素朴な疑問も、社会常識という観点から聴くべき内容を含んでいることもあります。

　そのため、社会の変化について敏感になることが大切です。たとえば、モバイルデバイスやＳＮＳの普及で、人のコミュニケーションのあり方が大きく変化しています。インターネットを活用した各種申請等の要望に対応していく姿勢も求

められるでしょう。

6．他の構成員と連携を進める

　大学教育は基本的に協働的な営みです。大学の中の一部の教員が学生を育てているという見方は正しくありません。大学の教職員はチームワークで学生を育てているのです。教員は授業を担当しますが、それ以外にも、オリエンテーションを担当する、時間割を作成する、成績情報を管理する、教育環境を整備する、図書を管理する、学生のニーズを把握する等、さまざまな教職員の活動のもとで学生は学習目標を達成することができるのです。大学の教育に関わる構成員にとって、自らの立場において学生に対して何ができるのかを考えていくことに加えて、他の構成員とどのように連携をとりながら相互補完を進めるのかという観点を持つことが大切になります。

　教務担当職員にとって重要な連携の相手は教員です。教員と職員では業務の進め方に違いがあるかもしれません。教員から見ると、職員は形式を重んじ学問から距離のある人と見えるようです。一方、職員から見ると、教員は利己的で法令や経費には無関心な人と見えるようです。ただし、これらの違いは互いの役割や大切にしている価値観を丁寧に説明すれば一定程度理解されるはずです。学生の学習の質を高めるためには、相互の業務に対する理解と敬意を持ちながら連携することが求められます。

　そして、大学教育の最大の当事者である学生も連携の相手になります。国際的にみれば正式な委員として大学の各種委員会に学生が参加している例も少なくありません。フランスのように学生副学長を置く大学もあります。日本においても学生や卒業生の意見を大学運営に活用する事例が見られるようになってきました。学生との連携のあり方は考えるべき課題と言えるでしょう。

7．力量を高める機会をつくる

　大学教育の質を高めるためには、教務に必要な能力を高めていく必要があります。2017 年に大学設置基準においてスタッフ・ディベロップメント（ＳＤ）が義務化されました。大学設置基準における規定では、所属する教職員に対して研

修の機会を設けることを大学に求めています。これは、職員の能力開発の責任がすべて大学にあることを示すものではありません。職員としてキャリアを築いていくためには、自分自身の能力開発に対して一定の責任があると考える方が適切でしょう。

　力量を高める機会をつくるためには2つの視点が重要です。1つは自分自身の能力開発です。業務を通して学ぶこと、上司や同僚から学べることは少なくありません。実践を通して学んだことをノートにまとめるといった工夫をしている職員もいます。さらに、高等教育関連の政策文書や書籍を読んだり、英会話、コミュニケーションのスキルを学んだりする等、自分自身で学習の機会をつくることが重要です。また、所属大学主催の研修、大学関係団体主催の研修、大学教育学会や大学教務実践研究会等のイベントへの参加、大学や大学院での学習等の職能開発の機会は増えています。それらの研修の機会を活用していきましょう。

　もう1つの視点は、職員全体の能力開発です。個々の職員の能力開発ではなく、集団としての能力開発という視点です。職員の集団として必要な知識や技能を習得できる仕組みを整えることは重要です。それぞれの職員の研修の機会を組織的に確保したり、日々の業務の中で必要な知識や技能を収集し、整理し、共有する仕組みをつくったりすることが求められているでしょう。

第2部　　Q＆A形式で学ぶ大学教務

Q1

大学の入学式の日をどのように決めたらよいでしょうか。

A 　大学の入学式をいつ行うべきかについて法令に定めはありませんが、実際はさまざまな制約条件があります。

　学年の始期は学長が定めることができますが、ここでは4月入学を例に考えてみましょう。まず、学生の身分の発生との関連に着目します。通常、4月入学の学生の入学手続きは3月中に行われ、入学する学生が確定します。しかし、学生としての身分が発生するのは、4月1日以降の入学許可の効果が生じる日となります。学生の身分を有しない者に対して入学式を行うことは適当ではないので、入学式は4月1日以降に行うべきです。

　次に授業との関連を考えましょう。大学設置基準第22条に示されているように、年間の授業期間は35週にわたることが原則です。祝日があることを踏まえ、授業期間を確保するためには、4月の早い時期に授業を始める必要があります。

　以上のことを考えると、入学式は、授業を速やかに開始するためにも、4月1日以降のできる限り早い時期に実施することが適切です。なお、従来、入学式の日以降に行われていた健康診断やオリエンテーションを3月に実施する大学もあります。これは、学生の身分とは別に、4月1日以降の入学予定者を対象として実施しているものと理解されます。同様に3月までに入学前教育を実施する大学もあります。

第 1 学年の始期以外に大学に入学する方法としてどのようなものがありますか。

A　第 1 学年の始期以外の時期での大学への入学には、編入学、転入学、再入学があります。

　編入学とは、カリキュラムの途中から履修するために、異種の学校の途中年次へ入学することを言います。大学への編入学には下記の 5 種類があります。学校教育法で定められている大学への編入学には、①〜④が該当します。⑤の場合は、学士入学等であり、異種の学校への入学ではありませんが、多くの大学が規則等で編入学として取り扱っています。

①短期大学（専門職短期大学を含む）卒業者の編入学 （学校教育法第 108 条第 9 項）

②高等専門学校卒業者の編入学 （学校教育法第 122 条）

③専修学校の専門課程修了者の編入学 （学校教育法第 132 条）

　※修業年限が 2 年以上であり課程の修了に必要な総授業時間数が 1700 時間以上のものに限る。

④高等学校専攻科修了者の編入学 （学校教育法第 58 条の 2）

⑤大学（専門職大学を含む）を卒業した者及び大学に 2 年以上在学し所定の単位（通常は 62 単位以上）を修得した者の転入学

　転入学は同種の学校への途中年次への入学であり、大学間の学生（現に学生の身分である者）の異動を指します。学校教育法施行規則第 4 条で、入学、退学、転学、休学及び卒業に関する事項は学則に定めることとされており、各大学が学則を根拠として実施しています。小中学校等の転校に当たるものが転学ですが、各大学では転学を編入学と合わせて処理することが多く、転学を一般に転入学と称しています。また、編入学・転入学以外に大学途中年次へ入学する形態として、再入学があります。再入学とは、通常、大学を退学（除籍を含む）または卒業した後、同一の大学に再び入学することです。

Q3

大学院への進学を促進するために、学部3年次に大学院内部進学希望者を対象とした大学院入学試験を実施することは可能でしょうか。

A 　大学院入学者の選抜については、大学院の課程を履修するにふさわしい能力と素質のある者を公正かつ妥当な方法で選抜するために「大学院入学者選抜実施要項」（平成20年5月29日文科高第168号文部科学省高等教育局長通知）が定められています。その実施要項の中で試験期日は以下のとおり定められています。

第3　試験期日
1　試験期日は、原則として学生が入学する年度の前年度の7月以降当該年度中の期日で、各大学が適宜定める。
2　秋季入学を実施する場合には、学生が入学する年度中の期日に試験を実施することができる。
3　入学願書受付期間及び合格者の決定発表の期日については、試験期日に応じて各大学が適宜定める。

　このことから、学部3年次において、大学院内部進学希望者を対象として大学院入学試験を実施し大学院生を選抜することは、飛び入学を除きできません。
　昨今、大学院進学を促進するため、4年間の学部教育と1年間の大学院教育（修士課程）を有機的に組み合わせ、学部入学から4年後に学士の学位、そして5年後には修士の学位を取得することができる一貫性を持った5年一貫教育システムを構築している大学もあります。
　このシステムでは、特に優秀な成績の学部3年生を対象として、学部3年次の後期に試験（大学院特別選抜入試に向けた学部特別選考）を実施し、合格した者を5年一貫教育システム参加内定者とします。そして、4年次に大学院授業科目の履修を認め、修得した単位を大学院入学後に大学院において修得したものとして認定します。さらに、大学院在学中に修了に必要な残りの単位を修得し、修士論文を提出し、学位論文審査の合格を経ることにより大学院（修士課程）を1年

間で短縮修了することができます。ただし、この5年一貫教育システム参加内定者は、学部4年次の7月以降に実施される大学院特別選抜入試を改めて受験し、合格することが必要となります。

　なお、学部生の段階で所属大学の大学院科目の履修を認め、修得した単位を大学院入学後に大学院において修得したものとして認定すること自体は、5年一貫教育システムに限る必要はなく、2年間の大学院（修士課程）への内部進学促進策としても実施することは可能です。

Q4　　　　　　　　　　　　　　　　　　　　　　　　　　入学

同一大学内であれば研究科が違う場合も修士課程から博士後期課程へ進むときは進学と考えてよいでしょうか。

　　A　大学院の課程は、法令上2年の修士課程と5年の博士課程が並列に置かれることを想定しています。5年の博士課程には前期および後期の課程の区分があります。前期課程は修士課程として取り扱うことができますが、この区分間の進級のみ進学と考えるべきです。したがって、同じ大学内であっても、異なる研究科へ進む場合は入学として扱うことが妥当と考えられます。

　同一大学内の異なる研究科へ進む場合、学籍の上では入学ですが、検定料や入学料をどう取り扱うかという問題が生じます。多くの大学では、「国立の学校における授業料その他の費用に関する省令の制定について」（昭和36年4月22日文大大第261号文部事務次官通達）において示された留意事項を参考にして、検定料および入学料は徴収しないことで対応しています。

　なお、「大学院の博士課程への入学等の取扱いについて」（平成9年4月7日文部省高等教育局大学課、学生課事務連絡）において、連合大学院や独立研究科等の設置による大学院の組織編成の多様化に伴う学生の身分の取り扱いについて通知がなされています。この中で、同一大学の独立研究科等へ進学する場合、他大学院修了者とは別に、進学のための選考等を行うことにより学籍簿上の扱いが、入学ではなく進学の扱いになることが確認されています。また、異なる大学間であっても、協力校から連合大学院の枠内で進学する場合も、進学と取り扱う旨が述べられて

います。この事務連絡は、修士課程の学生が関連する後期のみの博士課程に入学すること等を進学として想定しているもので、同一大学内であっても、文系の修士課程の学生が理系の博士課程に入学するような場合は進学とは考えられません。

Q5　　　　　　　　　　　　　　　　　　　　　　　　　　　　　　入学

男女共学の大学において女性の入学枠を設けることはできますか。

A　学内の多様性を確保することや男女共同参画を推進すること等を目的として、女性の入学枠を検討する大学があります。女性の入学枠については社会の関心も高く、その是非について議論があります。

　2012年度の後期試験の入学者選抜から女性枠を設けた入試実施を発表していたある国立大学が、前年度の入試概要公表前にその方針を撤回して話題になりました。新聞報道によると、女性枠設置の目的は特定分野における女性研究者の育成にありましたが、憲法が保障する「法の下の平等」および「能力に応じて等しく教育を受ける権利」に反するのではないかとの批判を受け撤回したものとされています。また、アメリカでは多くの大学が積極的差別是正措置（アファーマティブ・アクション）として黒人やヒスパニック等に優先的な入学を認めてきましたが、1978年のバッキ訴訟の連邦最高裁判決では人種による単純な入学枠を設けることが憲法違反とされました。

　多様性の促進や公正性に関する考え方は変化しています。文部科学省が通知した「令和5年度大学入学者選抜実施要項」では、各大学の判断により、定員の一部について、多様な入試方法を工夫することが望ましいとし、その中に「多様な背景を持った者を対象とする選抜」が記されています。対象は「各大学において入学者の多様性を確保する観点から対象になると考える者」で、その具体例として「理工系分野における女子」が明記されています。したがって、女性の入学枠を設けることは制度上可能です。ただし、女性枠について社会に対し、合理的な説明を行うことや、入学志願者の大学教育を受けるために必要な能力を適切に評

コラム	名曲のモチーフになった英断

　1984 年の正月明け、鹿屋体育大学で初めての推薦入試の準備に追われていたときのできごとです。

　試験会場の設営も終わり、ようやく入学試験実施のメドが立ってきた試験前日の午後、とんでもない（と当時は思った）情報が入ってきたのです。

　翌日の全国高校ラグビー選手権大会決勝戦に出場するチームのキャプテンが受験生の中にいました。当然のことながら、大学の推薦入試と時間が重なります。この受験生について、入試も受験させ、決勝戦にも出場できるような方策を検討するというのです。冗談ではない。ここは、鹿児島空港から自動車で 100 分かかる遠隔地に立地しており、決勝戦は大阪の花園ラグビー場で行われるのです。そんなことは神様でもできるわけがありません。

　さらに新しい情報が入ってきます。この受験生のためだけに、早朝 5 時から特別試験を行い、直ちに空港に送り届けて 14 時のキックオフに間に合わせようというのです。現場にいた私たち下っ端は困惑しました。「そんな変則的な入試が許されるのだろうか」「入試の公平性に反するのではないだろうか」。翌早朝、特別入試は実施されました。たった 1 人の高校生のために。

　後日談ですが、決勝戦は接戦の最終盤、このキャプテンのゴールキックが決まれば同点両校優勝というドラマティックな展開の下、優勝への祈りを込めただ円球は左へと外れ、その直後にノーサイドの笛が鳴ったそうです。そのキックは松任谷由実の名曲「ノーサイド」のモチーフになったと言われています。

　さて、この特別入試の結果は、（当時の私の予想とは正反対で）マスコミから「粋な計らい」として大絶賛を受けました。「鹿児島県鹿屋市に新設される大学は建物が新しいだけでなく、やることも斬新である」と全国紙からも評されたのです。

　時の経過とともに、あの状況下、限られた時間の中で、よくもあのような決断ができたものだと当時の大学幹部の英断を考えられるようになりました。規則どおりで前例に従うだけの思考からは、このような画期的な英断は生まれないと言えるでしょう。

［村瀬隆彦］

価することに留意することが求められるでしょう。

Q6

高校生のうちに大学教育を先取りで学習する方法としてどのようなものがありますか。

A　高等学校と大学との関係について、高大連携と言われていましたが、連携ではなく接続教育として議論されるようになりました。たとえば、中央教育審議会答申「2040 年に向けた高等教育のグランドデザイン」では、「高等学校教育で育成を目指す資質・能力を前提に、アドミッションやその後の高等教育にどう生かしていくかという高大接続の観点と、入学段階からいかに学生の能力を伸ばすかという観点で高等教育における「学び」を再構築することが重要である」としています。

高大接続教育として多くみられるものに、次の事例があります。入学前教育として、総合型選抜や学校推薦型選抜で入学が決定した者に、課題や小論文、復習のための教材、大学のゼミ体験、基礎的スキルの学習を課し、その添削等を行い入学するという形態です。これが入学後の初年次教育に接続されることになります。

また、教育場面での接続として、高校生が大学の科目等履修生となり単位を修得する方法があります。その高校生が大学に入学した後に、科目等履修生として修得した単位を卒業要件に含めることも可能です。アメリカの例を参考に、こうした取り組みをアドバンスト・プレイスメントという名称で実施している大学もあります。

既に入学金等の学費を支払った者が入学を辞退した場合、入学金等を返還する必要はありますか？

A 通常、受験生が入学試験に合格し、その大学への入学を希望すると、入学前に入学金や授業料等の学費を納めます。従前は、入学を辞退しても支払った学費は返還されませんでした。

しかし、学納金返還請求訴訟に関する 2006 年の最高裁判所判決では、原則 3 月 31 日までに入学の意思の撤回があれば、大学は入学金以外の学費を全額返還しなければならないとされました。この判決には、2001 年の消費者契約法施行の影響があったとされています。

上記判決では、授業料等の学費は、授業や施設利用等の教育サービス全体に対する対価であり、入学辞退によって大学は損害を受けず、授業料等は返還しなければならないと判断されました。入学金が返還されないのは、入学金が入学手続きの手数料や入学できる地位獲得の契約金と解釈されたためです。

なお、この判決は、いわゆる在学契約という考え方が広く知られる契機になりました。在学契約とは、いわゆる民法に規定のない無名契約で、大学と学生のあいだで入学に際し結ばれたと想定されるものです。具体的に言えば、大学が学生に教育サービスを提供し、学生は学費を支払うという契約のことです。学生が大学の構成員として学内規則を遵守する義務もここから発生していると考えることもできます。

また、2017 年の民法改正（2020 年施行）により、学生が滞納している学費の時効が 2 年から 5 年に変更されることになりました。学費の督促をいつまで行うかなど、ここでも在学契約についての認識が求められることになりました。

Q8

修業年限と在学期間はどのような違いがありますか。

A　　修業年限とは、学校の一定の教育課程を修了するのに必要と法令で定められた期間です。修業年限を厳密に解釈すれば、入学式は 4 月 1 日で卒業式は 3 月 31 日でなければ修業年限を欠くということになってしまいます。これは現実的ではないため、2022 年の改正大学設置基準施行通知では、修業年限の日数は学則に定める学期の区切りの中である程度弾力的に扱うことができるとされています。たとえば、10 月入学の学生が学期の区切りである 7 月に卒業し 8 月から海外の大学院へ進学することが可能です。また、停学はその期間を修業年限に含めないため留年することになりますが、短い期間であれば教育上の配慮として弾力的に扱い、その期間を修業年限に影響させない対応も大学の判断で可能です。

　一方、在学期間とは、学生がその教育課程を修めるために学ぶ期間です。在学期間は、学生が大学に在学できる期間であり、その上限について法令上の定めはありません。ただし、大学の公共的性格からかんがみて、特定の者が無制限に在学し続けることは適切ではありません。また、特に大学院学生に対する教育研究上の配慮という観点からも、むやみに長期間とすべきでないと考えられます。在学期間は、修業年限以上の期間であり、多くの大学は学則で修業年限の 2 倍を超えない期間と定めています。『大学運営必携』(1987) では、「最長在学年限を定めること、及びその年限を修業年限の二倍程度とする考え方は、旧制大学時代から一貫して続いており、各大学が必要によって自主的に定めた一種の慣行とも言えるものである」と記されています。なお、在学期間に停学の期間を含めることについては、上述の修業年限に停学の期間を含める場合の考え方同様で、ある一定の短期間の停学のみを在学期間に含めるとすることが妥当だと考えられます。

Q9

博士課程の標準修業年限は大学院設置基準で5年と定められていますが、3年ではないのですか。

A 大学院設置基準第3条第2項では、「修士課程の標準修業年限は、2年とする」と定められ、同第4条第2項には、「博士課程の標準修業年限は、5年とする」と定められています。さらに、同第3項には、「博士課程は、これを前期2年及び後期3年の課程に区分し、又はこの区分を設けないものとする」とあり、第4項には、「前期2年及び後期3年の課程に区分する博士課程においては、その前期2年の課程は、これを修士課程として取り扱うものとする」と定められています。

法令上は、学士課程の上に2年の修士課程と5年の博士課程が並列に置かれていると考えられます。しかし、実際には2年の修士課程の上に3年の博士後期課程を置くという積み上げ方式がとられています。博士後期課程を単に博士課程と称することがあり、その場合、博士課程の標準修業年限は3年になります。また、後期課程のみの博士課程を置くこともできるため、その場合も標準修業年限は3年です。

なお、医学部等の修業年限が6年の学部を基礎とする研究科にあっては、博士課程の標準修業年限は4年となります（大学院設置基準第44条）。

Q10

長期履修学生が期間の短縮を求めてきた場合、どのように対応すべきでしょうか。

A 大学設置基準第30条の2では、「大学は、大学の定めるところにより、学生が、職業を有している等の事情により、修業年限を超えて一定の期間にわたり計画的に教育課程を履修し卒業することを希望する旨を申し出たとき

は、その計画的な履修を認めることができる」と定められています。

　このような長期にわたる教育課程の履修を認められた学生が、その期間の短縮を求めることは当然ありえますが、もともと計画的な履修を行うことが前提であることを考慮しなければなりません。したがって、当初に予定した履修期間の短縮を求めることは、本来の趣旨に反するものです。そのため、当初予定の履修期間に応じて期間短縮の申出期間を定めておき、短縮の求めがあった場合には、履修可能な単位数等を勘案して適切に運用することが望ましいと言えるでしょう。

　なお、修業年限分の学費総額を長期履修の期間により分割して納入することが認められているので、期間短縮の場合は未納入の学費について改めて計算し直して分割納入することとなります。

　長期履修の導入にあたっては、入学時に長期履修を開始する場合、在学途中から長期履修を開始する場合、長期履修期間を変更する場合等をあらかじめ想定して制度設計をしておく必要があります。

Q11 学籍

新入生が4月1日から入学式までの間に事故を起こした場合、当該大学の学生として扱うべきでしょうか。

　A　この問いに答えるためには、まず学生の身分が発生するのは4月1日なのか入学式の日なのかを考える必要があります。大学の入学日は、当該大学の学生としての身分を取得する日のことであり、それは、入学許可の効果が発生する日です。入学許可は、通常では大学の学長から本人あて文書で通知されます。その許可の日付が、4月1日以前であったとしても、学年の始期との関係からその効果が発生するのは4月1日となります。したがって、新入生が4月1日から入学式までの間に事故を起こした場合、当該大学の学生として扱うべきと言えます。

　入学許可の日が4月2日以降の場合は、その許可した日から効果が発生します。入学日は入学を許可した日となり、この日を学籍に関するデータに入力することになります。

学生の身分を喪失する日についても同様に考えることができます。大学の卒業日は、当該大学の学生の身分を喪失する日のことであり、それは卒業認定の効果が発生する日です。卒業の認定は学長が行うこととされていますが、その認定の効果が発生する日は、通常卒業証書の日付です。したがって、この日が学籍に関するデータに入力する卒業日となります。なお、2007年に学校教育法施行規則が改正され、大学の学年の始期および終期は、学長が定めることになりました。

Q12　学籍

休学の要件や期間はどのように定めるべきでしょうか。

A 休学とは、比較的長期にわたって修学が困難な状態にある者が、大学に籍を置いたまま学校の利用を一定期間休止することです。休学については、学校教育法施行規則第4条において各大学の学則に定めることとされています。

休学の要件について、単に「病気その他の理由により継続して授業に出席できないもの」としている大学もあれば、「疾病」「経済的理由」「その他の理由（海外語学研修、ボランティア活動等）」と、その理由をより明確にしている大学もあります。休学をどのように捉えるかによって、通算して休学できる期間も異なるようです。多くの大学は、修業年限と同じか、修業年限の半分の期間としています。休学者を退学予備軍としてとらえるのでなく、休学期間を海外留学、ボランティア活動等にあてる前向きな学生としてとらえるのであれば、修業年限と同程度の期間を認めることもありうるでしょう。

休学期間の認定の方法も、引き続いて休学ができる期間と通算して休学できる期間とを別々に定めている大学と、単に通算の休学期間のみを定めている大学があります。いずれの場合においても、休学の事由が消滅したときまたは休学期間が満了したときには復学する旨を規定しておかなければなりません。また、疾病等の理由により修学するべきでない学生の存在も考えられるため、当該学生に対して学長から休学を命ずることのできる規定も必要です。

Q13

学籍

入学直後の４月１日からの休学は認められますか。

A 　入学直後の休学が認められるかどうかは、休学を願い出る理由によります。たとえば、入学手続き後、病気・けが等により大学への通学が困難な状態になった場合、治癒する期間が必要となり、その結果として休学が認められることとなります。

　一方、休学を願い出る理由が進路変更等のようなものであれば、入学後に大学の教員および相談機関等に今後の相談を行い、指導や助言を受けた上で何らかの方向性を決めることとなります。この場合は、５月以降に休学するか、そのまま在学を続けることになるのかのどちらかでしょう。入学を許可して当該大学の学生として受け入れた以上、大学は学生への教育に責任があります。

　また、入学後の休学ではありませんが、学事暦に関する制度の弾力化に伴い、ギャップイヤーやギャップタームという留学やインターンシップ等の体験活動を行う期間を取り入れる大学もあります。

Q14

学籍

休学期間終了時に復学願あるいは休学期間延長願の提出がなく、本人と連絡が取れない場合、学生の身分をどのように取り扱うべきでしょうか。

A 　休学が許可された期間の終了が迫っているにもかかわらず、当該学生と連絡が取れずに担当教職員が戸惑う場面があります。

　理想論を述べれば、指導教員が休学中の学生と適宜連絡を取り、その学生の状況や復学の目途について把握するべきでしょう。また、担当職員も、休学を許可された期間が満了する間際になって慌てないよう、連絡先を確認しておくことが望まれます。

しかし、復学予定日直前になっても本人と連絡が取れない、あるいは保証人に照会しても返答がないという場合は少なくなく、担当職員を悩ませる問題の１つとなっています。

　復学願あるいは休学期間延長願の提出がなく休学期間が終了した場合の学籍の取扱いについて、法令の規定は存在しません。各大学が学内の規則等を確認した上で判断を行い、対応することになります。ただし、通算して休学できる期間が満了したら除籍になります。教務担当者としては、復学予定期日までに可能な限りの手を尽くすべきです。具体的には、指導教員と緊密に連絡を取る、当該学生の研究室やサークルの友人を通じて本人と連絡を取る、保証人に再度連絡する等があります。そして、財務担当者とも学費等に関する連絡を密に取って、その上で最終的な判断をすべきです。休学期間延長が可能であれば、延長の方向で調整しつつ、速やかに学生本人と連絡が取れるよう努めるようにしましょう。

Q15 学籍

除籍と懲戒退学の違いはどういった点にあるのでしょうか。

　　　A　退学とは、大学に在籍中の者が卒業する前に学生の身分を失うことと定義されます。退学は、本人の意思による自主的な退学と本人の意思に関わらない強制的な退学処分の２つに大別されます。

　学校教育法施行規則第４条において、各大学の学則に退学について定めることとされています。また、本人の意思に関わらない強制的な退学の中でも、懲戒処分としての退学は、学校教育法第11条の規定に基づいて学校教育法施行規則第26条に事由が定められており、むやみに退学処分を行うことはできません。

　一方、除籍とは、卒業する前にその学生としての身分を強制的に失わせる処分（強制退学）のうち、懲戒処分としての退学を除いたものを言います。卒業前に学生としての身分を失うという意味で退学の１つにあたりますが、本人の意思に関わらない強制的な処分であり、本人の意思による自主退学とは区別されます。教育の一環としての懲戒処分でないという点で、懲戒処分としての退学と区別し

ておかなければなりません。

　また、除籍については、懲戒処分としての退学とは異なり、法令上の規定はありません。つまり、除籍とは、一定の合理的な理由がある場合に学則の定めるところにより一方的に退学を命ずる行為です。したがって、各大学の学則において、除籍に関し、その事由、手続等について定めておく必要があります。除籍の事由としては、在学期間超過、学費未納、死亡等があげられます。ただし死亡除籍は大学が学生の身分を強制的に失わせる処分ではないため、その他の除籍と制度上の意味が異なることに留意すべきです。

　以上のことを踏まえると、学生の退学は以下の3種類に分類することができます。

退学の分類

　本人の意思による自主的な退学………………………自主退学
　本人の意思に関わらない強制的な退学
　　懲戒処分としての退学………………………………懲戒退学
　　懲戒処分でない退学…………………………………除籍

Q16　　　　　　　　　　　　　　　　　　　　　　　学籍

学費未納で除籍になった者から再入学の申請がありました。再入学を認めてよいでしょうか。

　A　再入学について関する法令上の定めはなく、大学の裁量によって再入学は実施されています。退学後何年以内までならよいのか、退学の事由は何か等といった、どのような条件ならば再入学を認めるかは、学内の規則等に拠るものです。大学の再入学に関する規定に、懲戒退学者や学費未納除籍者の再入学を認めないと明確に定められていれば、該当者の再入学は当然認められません。

　しかし、学費支弁の見通しが確認できれば、学費未納による除籍者の再入学を認めるべきという考え方もあります。教務の現場において、最後通告と言える除

籍を通知するという業務はつらいものです。しかしながら、除籍となっても後に再入学できる展望があれば、学生自身および担当職員のストレスも少しは和らぐのではないでしょうか。

　学費未納による除籍者への対応はどうあるべきかを学内で議論し、必要に応じて規則等の改正を検討することが適切と考えます。

　なお、一部の大学では、学費未納により除籍となった者から復籍の願い出があったときは、学部の定めるところにより復籍を認めることができると学則で規定し、学費未納による除籍者の再入学を復籍という形で認めています。また、再入学試験を課し、面接を行い、学費支弁の見通しがあるということを確認した上で、再入学を許可するという大学もあります。

Q17　　　　　　　　　　　　　　　　　　　　　　　　　　学籍

死亡した学生の身分の取り扱いについて何に注意すべきでしょうか。

A　学生が死亡したときは、学籍データの取り扱いでは、死亡とされた日をもって学生の身分を失うことになります。これを一般的に死亡除籍と呼びます。除籍とは、大学に在学中の者が全課程を修了して卒業する前に、その学生としての身分を強制的に失わせる処分（強制退学）のうち、懲戒退学を除いたものを指しますが、死亡除籍は制度上の意味が異なることに留意すべきです。すなわち、学生の身分を強制的に失わせる処分ではなく、あくまで学籍データ上での取り扱いなのです。

　死亡したことが明らかな場合、遺族の心労を考えると、むやみに住民票の写し等の死亡を証明する書類を求めるべきではありません。この場合、遺族の立場に立って粛々と学籍データの整理等の学内手続きを進めれば済むことであり、必要以上に書類の提出を求めることは避けたいものです。また、遺族に対して一方的に除籍通知を送りつける等の行為も慎むべきと言えます。

Q18

学籍

除籍になった者から、「履歴書に○○大学中退と書いてよいか」という照会がありました。どのように答えるべきでしょうか。

A　除籍とは退学の一種ですが、それ自体法令上の明文はなく、学則による学籍の整理上の処置と言えるでしょう。したがって、大学における学籍簿上では「除籍」と記載されます。しかし、懲戒退学の場合も含め、除籍された者が履歴書に「○○大学中退」と記載してよいかどうかについては大学が言及することはできません。

　大学が発行する成績証明書等には「○○年○○月○○日付除籍」と記載されることは、当該学生に通知すべきですが、履歴書への記載は本人の責任になります。

Q19

学籍

除籍になった者に対して、在学中の単位修得証明書を発行することができますか。

A　除籍は、それが行われた日以後の学生としての身分を強制的に失わせる行為と言えます。つまり、除籍によって入学の許可が取り消されるわけではなく、それまでの一定の履修の事実までなくなるわけではありません。したがって、除籍者に対してもその在学した期間の証明書や単位修得証明書を希望者には発行するべきです。

　ただし、学費未納により除籍とされた者について、その未納期間の修得単位等の証明を行うことは、学費を納めた学生との均衡を欠くこととなります。そのため、学則等により、学費納入期間についてのみ証明し、学費未納の期間は証明しないことを明記する大学もあります。

学生の懲戒処分はどのように行ったらよいでしょうか。

A 　学生が犯罪や不正行為を行った場合、一般の社会人の場合と同様に法的な処分の対象となることは言うまでもありません。学生が行った犯罪または不正行為が大学の名誉や信用を著しく失墜させる等の行為であると判断される場合、法的な処分とは別に教育的指導の観点から検討が行われます。懲戒処分は、大学で規定されている学生の懲戒に関する規則等により、学内に懲戒委員会等を設置し、慎重に検討の上、適切な措置を行います。

　懲戒とは、一般的に不正または不当な行為に対して制裁を加えることを指します。学校における学生、生徒等の懲戒については、学校教育法第11条で「校長及び教員は、教育上必要があると認めるときは、文部科学大臣の定めるところにより、児童、生徒及び学生に懲戒を加えることができる。ただし、体罰を加えることはできない」とその法的根拠が定められています。

　懲戒には、事実上の懲戒と法律上の懲戒の2つがあります。事実上の懲戒は、学生を叱責したり、戒めたり、反省を促したりするような事実行為を指します。法律上の懲戒は、学校教育法施行規則第26条第2項で「懲戒のうち、退学、停学及び訓告の処分は、校長（大学にあっては、学長の委任を受けた学部長含む。）が行う」と定められています。多くの大学で定められている懲戒処分は、退学、停学、訓告です。

　退学は、学生が特定の大学等で教育を受ける権利を剥奪するものであり、停学は、同じくその権利を一定期間停止するものです。訓告は、不正行為を戒め、将来にわたってそのようなことがないように注意することです。学生の懲戒処分については、各大学の中においても部局により対応が異なる場合もあります。たとえば当該学生が法曹を目指す法科大学院生であった場合、研究科の理念と照らし合わせて他部局の学生より重い処分を課すというものです。

　また、学生の不正行為の内容によっては、学生の本分についての反省を促すために、教育的措置として事実上の懲戒を行っている大学もあります。定期試験等

における不正行為の場合、当該授業科目もしくは同学期における受講科目の単位不認定等の措置を行う大学も多いでしょう。なお、懲戒処分は処分行為をもって終わりにするものではありません。定期的に面談を行う等、学生が処分事実に向き合い反省と改善を促すことが求められます。

Q21

大学入学前に犯罪や不正行為を行っていたことが発覚した場合、その学生に対して懲戒等の処分を行うことができますか。

A 　各大学には、学生の懲戒等に関する規則等が整備されています。その規則等には、当該大学に在籍する学生の行為について、大学の名誉や信用を著しく失墜させる等、どのような場合に懲戒等の処分をするかについて定められています。

入学前すなわち学生の身分を持っていないところでの行為に対して、大学として懲戒等の処分を行うことができるかということですが、対応する規則等がなければ当該大学に在籍していなかったときの行為に対する懲戒等の処分を行うことは難しいでしょう。

規則等の整備を検討する際には、企業等が学生を採用するときに、採用予定者を採用内定者としている期間が参考になるでしょう。入学内定者を採用内定者のように考えるのです。入学試験を受験し合格した者に対して合格通知書を送付しますが、この通知書を送付してから、入学手続きを行い学生の身分を有するまでの期間を入学内定期とし、その間に犯罪や不正行為を行った場合は、入学予定の大学から懲戒等の処分を行えるとすることが一例として考えられるでしょう。

コラム	定型業務の中に専門性はある

　休学するか悩んでいた学生が、教務窓口に「休学したいのですが」と訪れました。対応した職員は、この学生と会話をすることもなく休学届を手渡し「これに必要事項を書いて提出してください」とだけ説明をしました。後日、この学生は自殺未遂をしました。

　この学生は大学での友人関係で悩んでいて、授業を休みがちになり、一人暮らしをしていたアパートにやがて引きこもってしまったのです。誰とも会話をすることもなく１か月経過して、勇気を出して久々に外出して最初に話した大人がこの職員でした。休学したい理由を聞かれることもなく休学手続きを進めようとしている姿に、自分が大学に存在していることを否定されたように思えたことが自殺未遂のきっかけだったようです。

　休学届を渡して、説明し、受理する。こうした一連の流れは業務の自動化によって職員が対応する業務ではなくなるかもしれません。しかし、教務窓口で話す学生の言葉には真意が別にあり、それをくみ取ることは、まだ自動化できないでしょう。

　大学の定型業務の多くはまだまだ自動化が可能であり、それによって職員がより自主性をもってより創造的に企画するような時間を増やすことが求められます。一方で、定型業務を通して学生や教員の隠れたサインを見つけ、必要な対応を行うことも必要です。そのバランスを考え日々の業務に丁寧に向き合うことこそ、教務部門に求められる専門性だと考えています。

［宮林常崇］

Q22

学生がインターネット等で指導を行う他の大学にも在籍していることが判明しました。本学と他の大学の二重学籍を認めてよいでしょうか。

A 二重学籍を直接的に禁止する法令はありません。しかし、単位制度の趣旨から、現実的には認めがたいとされてきました。1年間に30単位の修得を目安とすると、学期中の1週間で45時間の学習が必要とされるからです。

一方、通信教育やeラーニングによる教育を行う大学院が認められたり、長期履修学生制度が設けられたりすることにより、多様な方法での学習ができるようになってきています。

したがって、2つの大学の課程を同時に履修することが実質的に可能かどうかを慎重に判断する必要があります。この場合、一方の大学だけでなく、当該学生が在籍する2つの大学において協議の上で判断することが望ましいと言えます。

Q23

90分の授業を大学設置基準における2時間の学習とする根拠はどこにありますか。

A 1つの授業にあてられる時間は単位時間と呼ばれます。高等学校までの学校に関しては、学校教育法施行規則において1単位時間が小学校で45分、中学校と高等学校では50分と定められています。しかし、大学の授業の単位時間は、法令上の定めがありません。独自の判断により、90分を2時間とみなす授業を行っている大学が多いのが現状です。

この問題は、大学設置基準の前身である大学基準協会の大学基準において1単位時間が定められていなかったことに原因があるようです。「1コマ＝90分＝2時間という考え方が長い間の大学の慣行となっており、半ば常識化し特別に設け

ることもないというのがその根底にあったと考えられる」や「旧制以来のわが国に伝統的な1コマ＝2時間＝90分もしくは100分という、固定的な図式が普及・定着してしまったのである」と指摘されています（清水、1998）。そして、学校週5日制への移行等の影響を受け、1コマ100分から90分に切り替える大学が増えました。

　以上のように、法的根拠はありませんが、多くの大学で90分の授業を2時間の学習とみなしています。ただし、「大学の時計では2時間は120分ではなく90分という非常識がまかりとおる」という批判的な意見もあります（舘、2007）。海外の大学との単位互換や各種資格認定団体の基準において、正確な学習時間が重要になる場面もあるでしょう。特に大学外の関係者には誤解のないように説明する必要があると言えます。

　90分×15回（1,350分）の授業時間を満たすことを前提に、105分×13回（1,365分）、100分×14回（1,400分）という時間割をとる大学も散見されるようになりました。105分、100分とも2時間未満と考えると、やはりそれぞれ15回の授業が必要と考えられますが、現状としてこのように運用されているのが現実です。4学期制導入等のため、大学が15週の授業期間の確保に苦労して考えられた取り組みのようです。

Q24　　　　　　　　　　　　　　　　　　　　　カリキュラム・授業

学期の区切り方にはどのような工夫や留意点がありますか。

A　カリキュラムにおいて、いつからいつまで授業を開講するかという時間区分は重要な構成要素です。昔は通年制を採用する大学が多かったですが、現在ではセメスター制と呼ばれる2学期制、クォーター制と呼ばれる4学期制、より細かな6学期制をとっている大学もあります。

　2022年に改正された大学設置基準第23条において、「各授業科目の授業は、十分な教育効果を上げることができるよう、8週、10週、15週その他の大学が定める適切な期間を単位として行うものとする」と定められ、柔軟な運用ができ

るようになりました。国際化を通じた教育研究力の向上や、多様な学びの実現の観点から学事暦の多様化が促進されたからです。

　学生の留学やインターンシップ等の活動を促す目的のもとで、細かく学期を区切る大学もあります。また、クォーター制等の細かな学期の導入に伴い、月曜と木曜、火曜と金曜といった異なる曜日をセットにして、週2回授業の形式をとり集中的な学習を提供する大学も増えてきました。

　一方で、学期の区切りの変更に伴い検討すべきこともあります。たとえば、必修科目が不合格だった学生の再履修をどの時期に認めるか、卒業要件を満たした学生の卒業をどの時点で認めるかといった点です。他大学と共同で行う授業等も調整が必要となるでしょう。また、履修登録、定期試験、成績登録等に柔軟に対応することも求められます。

Q25　　　　　　　　　　　　　　　　　　　　　　カリキュラム・授業

定期試験期間を授業期間に含めることは問題ないでしょうか。

　　A　　2022年の改正大学設置基準施行通知では、「今回の改正後も、各大学等の判断により、1年間の授業期間中に定期試験等の期間を定めることが可能であることは従前と変わらないものであること」と明記されています。

　これは大学設置基準第22条に定められている1年間の授業を行う期間が35週にわたるものを原則とするという規定の35週の中に定期試験の期間を含めてよいという意味です。授業期間を30週とする大学の場合、30週の中に定期試験の期間を含めるという意味ではありません。このことは2008年の中央教育審議会答申「学士課程教育の構築に向けて」において「1単位当たりの授業時間数が、大学設置基準の規定に沿っている必要がある。具体的には、講義や実習等の授業の方法に応じて15〜45時間とされており、講義であれば1単位当たり最低でも15時間の確保が必要とされる。これには定期試験の期間を含めてはならない」と示されています。

　定期試験のみを実施する場合は授業時間に含めることはできません。授業科目

によっては定期試験を実施せずに、授業期間中の試験や学生の成果物によって単位認定や成績評価を行うことは認められています。そのため、授業期間中に試験を実施し、その後に解説を行うという形態をとる事例は見られます。

Q26 カリキュラム・授業

カリキュラムの中に必ず必修科目を置かなければいけませんか。

A 大学設置基準第20条では、「教育課程は、各授業科目を必修科目、選択科目及び自由科目に分け、これを各年次に配当して編成するものとする」と定めています。これを大学でどのように解釈するのかということになります。

『大学事務職員必携』(1985) には、「学生が履修すべき授業科目のなかには、その専門分野等に応じ、基本的なものとして必ず履修しなければならない科目がいくつか含まれているわけで、このことからすると大学の教育課程においては必修科目が必ず置かれていなければならないことは明らかである」と書かれています。

しかし、現状では必修科目を置かない大学や学部もみられます。完全自由選択制を教育の1つの特色にして、学生が自らの興味関心にそった自由な選択で履修科目を決めることができるようにしている大学や学部もあります。

このような現状から、カリキュラムの中に必修科目を必ずしも置く必要はないと言えるでしょう。ただし、ディプロマ・ポリシーで定めた学習目標を学生が達成するという観点、学生の学習の体系性を確保するという観点、開講科目数を絞り込むという観点等からは、カリキュラムに必修科目を置くべきだと考えることもできます。また、必修科目を置かない場合には、専門分野の基本的な内容をどのように教育するのかといったカリキュラムの理念をきちんと説明できるようにしましょう。

必修科目は必ず主要授業科目になるのでしょうか。

A　必修科目が主要授業科目になるかどうかは、必修科目の位置づけによります。主要授業科目の説明として、2022年の改正大学設置基準施行通知では「学生に学位を取得させるに当たり、当該学位のレベルと分野に応じて達成すべき能力を育成するための必要な科目群」と定義しています。そして、「各授業科目のうちいずれが主要授業科目に当たるかは、当該授業科目と3つのポリシーとの関係等を踏まえ、各大学等判断するものです」と2022年の改正大学設置基準Q＆Aにおいて示されています。

したがって、必修科目を主要授業科目にするかどうかは大学で検討することになります。たとえば、パソコンの基礎的な内容を修得させるための情報処理実習が必修科目であったとしましょう。この授業科目の位置づけが「ディプロマ・ポリシーで定めた学位を取得させるに当たり、当該学位のレベルと分野に応じて達成すべき能力を育成するための必要な科目」ではなく、一律に基礎的な素養を身につけるだけであれば主要授業科目ではないともいえます。このように必修科目であってもかならずしも主要授業科目として位置づけない場合もあります。

また、主要授業科目はかならず必修科目となるわけでもありません。3科目中1科目を選択必修とし、どの科目を履修してもディプロマ・ポリシーにおいて求める内容を満たすと判断されるカリキュラム設計となっている場合もあります。それらの選択科目も主要授業科目として位置づけることができるでしょう。つまり、それぞれの科目内容や到達点と、ディプロマ・ポリシーとの関係で判断することになります。

Q28

授業科目の配列にはどのような工夫がありますか。

$\mathbf{A}$　授業科目をどのように配列するかという学習の順序はシーケンスと呼ばれ、学習の範囲を定めるスコープとともにカリキュラムの編成における重要な論点です。

　シーケンスの具体例としては、基礎的な内容から応用的な内容、共通教育から専門教育、講義から演習や卒業研究といった大まかな配列があります。職業教育を重視したカリキュラムでは、知識を身につける講義、知識を活用する演習、知識を現場で活用する実習といった配列の方法が一般的です。また、初年次には高等学校から大学への円滑な移行を支援する授業科目、卒業年次には大学での学習全体の総仕上げとなる授業科目を配置することが多いでしょう。

　授業科目の配列の方法には、単純な積み上げ型以外の工夫も見られます。アーリー・エクスポージャーと呼ばれる早期に現場に出る授業科目は学生の興味関心を高めます。また、カリキュラムを通して繰り返し学習するらせん型カリキュラムは重要な内容を段階的に定着させます。くさび型カリキュラムによって、共通教育から専門教育という順序ではなく、共通教育と専門教育のどちらも４年間を通じて学生が学習するようにすることもできます。ディプロマ・ポリシーに示された学習目標の到達度と課題が把握できる授業科目を３年次等に配置する大学もあります。

　このような授業科目の配列は、カリキュラム・ポリシー、履修の手引き、科目ナンバリング等を通して、学生や教員にその意図が伝わるようにしておきましょう。

Q29

大学改革において授業科目の削減が話題になりますが、なぜ授業科目削減が改革につながるのですか。

A 授業科目の削減ですが、複数の意味合いがありますので、それらを整理して理解することが重要です。具体的には、単純に開設する授業科目を削減すること、複数の授業科目を統合・モジュール化すること（講義科目と演習科目を合わせて3〜4単位の科目を設置する等）、学生が同一学期中に履修する授業科目数を制限すること（1科目を週に2〜3回開講し、週に4〜5科目程度の履修にとどめる）等があります。

次に理解すべき観点は、大学の授業科目は常に増加傾向にあるということです。その理由は、授業科目の選択肢の豊富さが大学の魅力であると考えられているからです。また、教員は研究成果を教育に還元したいという思いから、自分の専門分野の授業を行いたいと考えます。さらに、外部の要請からキャリア教育、地域連携授業等の授業科目が追加され、授業科目数は増加する一方です。

しかし、授業科目数の増加は、大学にとって都合のいいことばかりではありません。授業科目数の増加によって、カリキュラムがもっている意図がみえにくくなる、教員1人当たりの担当授業科目数が増えて授業の質に影響する、時間割の作成や非常勤講師の雇用等業務が複雑化しカリキュラム運営に支障をきたす等の可能性もあります。学生にとっても、学習の進め方がイメージしにくくなったり、単位を修得しやすい授業を履修したりする等の課題の原因になります。

上記のような課題に対し、2020年の「教学マネジメント指針」でも、学生が同時に履修する授業科目数の大胆な絞り込み、細分化された授業科目の統合、学事暦の柔軟な運用による授業科目の週複数回実施等が提言されています。

授業科目数の削減は大学改革にとって重要なテーマです。検討する際には、なぜ削減する必要があるのか、また、どの程度削減するのか、この2つの方針を明確にしなければなりません。授業科目の削減は、構成員の合意形成が非常に困難なことが予想されます。授業科目をただ削減するというのではなく、目的の共有から開始し、ディプロマ・ポリシーで定めた学習目標を前提に、学生の履修科目

数、教員数等の情報を踏まえて検討しましょう。また、授業科目の削減、統合だけではなく、隔年開講、複数学部での共通開講、単位互換制度の活用等のさまざまな取り組みも考えられます。

Q30 カリキュラム・授業

キャップ制をどのように運用すればよいでしょうか。

A 1年間あるいは1学期間に履修登録できる単位の上限を設ける制度がキャップ制です。1999年に大学設置基準が改正され、学生が1年間あるいは1学期間に履修科目として登録できる単位数の上限を設定することが、大学の努力義務になりました。

キャップ制が採用されているのは、学生が低学年次に多くの授業を履修することにより、4年間を通して計画的に学習することができないと考えられているためです。学生は、できるだけ早期に卒業に必要な単位を修得しようとする傾向があります。学生は高等学校までのすき間のない時間割に慣れています。また、卒業研究への取り組みや就職活動に備えるため、余裕をもって高学年次に進みたいとも考えているようです。キャップ制は、このような学生の単位の早取り傾向を抑制するとともに、個々の授業における学習を充実させ、単位制度の実質化をはかるために活用されています。

キャップ制の導入が、学生の学習の充実につながらなければなりません。単位の早取りの抑制は、手段であって目的ではありません。キャップ制によって生じる時間の余裕が、学習活動ではないものに向けられるならばキャップ制の意味はありません。キャップ制の導入と同時に、シラバスやＧＰＡ等の制度を活用し、個々の授業の授業時間外を含めた学習活動を充実させることが求められます。

キャップ制の導入が、学生の多様な学習機会を奪うことにならないかを確認する必要があります。インターンシップ、教職課程、海外留学等を希望する学生にとって不利益となるような制度となってはいけません。学習意欲の高い学生にも配慮しましょう。キャップ制を学生の成績と連動させ、成績の優れた学生には制

限を超えて履修することを認めている大学もあります。

キャップ制の運用にあたって、資格関連科目を履修上限の例外に置くことは適切でしょうか。

A 　大学設置基準には、履修上限の単位数に関する規定がありません。資格関連科目を履修上限の例外に置くかどうかは大学の判断に拠ります。ただし、単位制度の実質化に十分配慮する必要があるのは言うまでもありません。

　履修上限の設定等の目安として、参考までに認証評価の指針をあげましょう。大学基準協会は、2022年の『大学評価ハンドブック』の「評価に係る各種指針」において、履修登録単位の上限設定に関して年間50単位未満で設定していることを目安としています。上限を設定していても、一部の授業科目を対象外とすると、学生が目安を超えて履修することが可能になります。そうした学生が相当数いる場合、改善課題として指摘を受けることになりかねません。

　大学基準協会の指針を参照すると、教職科目等の資格関連科目等すべての履修科目を含めて年間50単位未満、または上限の例外となる科目を設定した上で年間40単位前後を上限に設定することが目安となるラインでしょう。

　最も重要なことは、実際に学生の学習時間が保証されているかということにあります。キャップ制を導入するにあたり注意すべきことは、ガイダンスや履修指導、シラバスやＧＰＡ等の制度を活用し、個々の授業の授業時間外を含めた学習活動を充実させることが求められます。

コラム	教務事務の効率化とそれにより捻出された時間

　コロナ禍以降、オンラインを活用した会議運営により、まずは移動時間がなくなりました。また、ペーパーレス化も進み、紙やコピー機のトナーが節約され、従来の業務は飛躍的に効率化しました。予算的にもこれまで参加できなかった遠方で開催されるセミナーにも気軽に参加できるようになりました。これらのことは私のみならず全国の大学教職員が実感しているのではないでしょうか。

　ただ、オンラインも万能ではなく、対面ならではの良さが失われた面もあります。会議では画面をオフにすることも少なくありません。話者以外の画面は真っ黒で、参加者の表情や様子が伝わらず、会議の空気感がわかりません。会議前後の雑談もなくなって、なにか物足りなさを感じることがあります。セミナーにおいても同様でしょう。会場に集まった教職員の熱気がセミナーへの参加意欲を高め、前向きな気持ちをもつことができたり、参加者間で交流することにより大学間のつながりも生まれるものです。

　昔はよかったと嘆くのは簡単ですが、今後はオンラインと対面のそれぞれの良い面を取り合わせて、バランスのよい運営方法が出てくるものと思います。

　では、オンラインのもたらす効率化によって生じた余裕時間はどのように活かすべきでしょうか。私の場合、会議運営やセミナー開催がオンライン化されたことにより、日常の業務時間を以前よりも捻出することができ、残業時間が減りました。業務以外では、まだまだ手がかかる２人の小学生の子どものために、休暇を取って子育てに参加する時間が多くなりました。加えて、土曜・祝日以外の平日に休暇を取得して本書の作成や、大学教務実践研究会の運営をはじめ、ＳＤ活動のために活動する機会を多く捻出することができました。

　コロナ禍がもたらしたオンライン化の加速によって、働き方にも在宅勤務という変化がありました。こうした新しい生活様式をどのように自分なりに取り入れるかが、今後の時間の使い方、大きく言うと、生き方を考えるきっかけとなったように思います。

[小野勝士]

習熟度別授業を取り入れる際にはどのような点に留意すべきでしょうか。

Ａ　　　学生の多様化に対応するために、カリキュラムに習熟度別授業を取り入れるという方法があります。高等学校での履修の有無、入学者選抜の試験結果、授業開始前のプレイスメント・テスト等を活用して、学生の習熟度に合わせた授業を提供するものです。学生にとっては、自分の能力に合った授業を履修できます。また、教員にとっては、能力のばらつきが小さい学生の集団を教えることができるため、授業が進めやすくなります。

　多くの大学が、数学、物理、化学、英語等で習熟度別クラス編成を実施しています。習熟度の低い学生を対象とした授業科目は、卒業要件に含まれないリメディアル教育として提供されたり、ｅラーニングで提供されたりする場合もあります。

　習熟度によって授業を分ける際には留意点もあります。その１つは、授業科目名についてです。優劣が明確にわからないような授業科目にする等の配慮をする大学があります。習熟度が低い学生を対象とした授業においては、きめ細やかな指導が求められるため、少人数授業にする等の工夫をすることもできます。さらに、成績評価については、ＧＰＡへの影響も踏まえて習熟度の違いに応じて授業の成績評価の分布に変化をつける等、成績評価の方針を定めておくことが求められます。

Q33

ＴＡにはどの程度まで授業を任せてよいのでしょうか。

A 　大学設置基準第８条第３項において、十分な教育効果を上げることができると認められる場合は、当該授業科目を担当する教員の指導計画に基づき、指導補助者に授業の一部を分担させることができるとされています。この指導補助者とは、授業科目を担当する教員以外の教員や学生その他の大学が定める者のことを指し、ＴＡ（ティーチング・アシスタント）も含まれます。

　ＴＡ等に授業の一部を分担させることについて、大学設置基準第11条第３項で、必要な研修を行うことを求めています。また、2022年の改正大学設置基準施行通知で次のような留意事項を挙げています。

・各回の授業の一部を分担するのみならず、１回の授業の全部を担当することも許容され得る。ただし、授業担当教員の指導計画に基づき授業の一部を分担する趣旨を踏まえれば、授業科目における大半の授業を指導補助者が担当することは原則として想定されないものであり、望ましくない。

・授業担当教員と指導補助者の責任関係や具体的な役割分担について、あらかじめ学内の規程等に明記する等、指導補助者が不当に不利益を被らないよう適切な配慮を行うこと。

・授業担当教員の役割は、授業時間ごとの指導計画の作成、授業の実施状況の十分な把握、成績評価等が想定される。

　この制度の趣旨は、教員の授業負担軽減ではなく、ＴＡ等の授業への参画を促進して、手厚い指導体制を確保することで教育の質の向上を目指しているものです。たとえば、ＴＡに１回の授業の全部を担当させるのであれば、十分な教育効果を上げることができるから担当させるということを、履修する学生やＴＡにできるだけわかりやすく説明することが求められます。また、授業の一部を担当できるＴＡをＴＦ（ティーチング・フェロー）と呼び、そうでないＴＡと区別する

大学もあります。

　なお、大学院の場合は、大学院設置基準第12条第2項において、各授業科目について、当該授業科目を担当する教員以外の教員、学生その他の大学院が定める者に補助させることができます。十分な教育効果を上げることができると認められる場合は、当該授業科目を担当する教員の指導計画に基づき、当該授業科目を担当する教員以外の教員に授業の一部を分担させることができるとされています。学生は補助に留まっており、授業の一部を分担させることは、当該授業科目を担当する教員以外の教員に限られていることに注意が必要です。

Q34　　　　　　　　　　　　　　　　　　　　　　　　カリキュラム・授業

コロナ禍により普及した遠隔授業は、感染拡大のような緊急時以外にどのように活用できるのでしょうか。

A　　2020年からのコロナ禍という緊急時には、本来授業計画において対面授業の実施を予定していた授業の全部または一部を対面授業により予定通り実施することが困難な場合においては、大学設置基準第25条第1項等に定める対面授業の特例的な措置として遠隔授業を行い、その修得単位は対面授業により修得した単位とするという弾力的な運用が認められていました。これを受け、全国のほとんどの大学の授業において遠隔授業が実施され、緊急時においても学びを止めることなく授業運営ができるようになったのです。

　このような状況を受け、2021年4月2日に文部科学省高等教育局長通知「大学等における遠隔授業の取扱いについて（周知）」が発出され、遠隔授業の取り扱いが次のとおり整理されました。

①遠隔授業を実施する授業時数が半数を超えない範囲で行われる授業科目については、面接授業の授業科目として取り扱い、「卒業要件として修得すべき単位数のうち、遠隔授業により修得する単位数は60単位まで」の算定に含める必要はない。

②通信教育を行う大学・学部においては、大学通信教育設置基準第6条の規定に

より 30 単位は対面授業または遠隔授業により修得が必要とされているが、同令第 3 条第 1 項で定める大学設置基準第 25 条第 2 項の規定による遠隔授業によって実施する授業科目で修得した単位のみの卒業も認められる。

③今後も感染症や災害の発生等の非常時においては、当該感染症や災害等の状況に応じて、本来対面での授業の実施を予定していた授業科目に係る授業の全部又は一部を対面授業により実施することが困難な場合において、対面授業の特例的な措置として遠隔授業を行う等の弾力的な運用が認められる。

　台風等の自然災害時には、たびたび授業が休講となることがありましたが、このような緊急時においても遠隔授業を弾力的に行うことができるようになりました。つまり、自然災害により対面授業の実施が困難であっても、遠隔授業であれば実施可能な場合には休講にせず、授業を行うことができるようになったのです。

　しかし、台風接近時に遠隔授業を実施した場合であっても、出席が困難な学生への配慮が求められます。学生の居住地によっては停電や避難によって出席が困難な場合もあるからです。このような場合、急な対応が求められますので、災害時の遠隔授業へ切り替えの取り扱いについては、事前に学内で一定のルールを決めておくとよいでしょう。

Q35　カリキュラム・授業

遠隔授業を活用しているにもかかわらず対面授業として扱われるのはどのような場合でしょうか。

A　2021 年 4 月 2 日付け文部科学省高等教育局長通知「大学等における遠隔授業の取扱いについて（周知)」及び 2021 年 5 月 14 日付け事務連絡「学事日程等の取扱い及び遠隔授業の活用に係る Q & A 等の送付について（令和 3 年 5 月 14 日時点)」によると次の 4 つの場合が該当します

①遠隔授業を実施する授業時数が半数を超えない範囲で行われる授業科目

例）

・15 回の授業中、7 回までを遠隔授業で実施する場合

・一部の者は対面授業により、残りの者は遠隔授業（同時双方向）により受講させる授業を交互に行う場合かつ遠隔授業を実施する授業時数が半数を超えない範囲で行う場合

②感染症や災害の発生等の非常時において、当該感染症や災害等の状況に応じて、本来対面での授業の実施を予定していた授業科目に係る授業の全部又は一部を対面授業により実施することが困難な場合

例）コロナ禍のような場合や、台風による自然災害時

③授業科目としてすべての学生に対し、半分以上の授業時数を対面で受講することを求めていたとしても、特定の学生が病気等により対面での授業を受けられない回が生じ、半分以上の授業時数を対面で受講できなかった場合

④授業科目としてすべての学生に対し、半分以上の授業時数を対面で受講することを求めていたとしても、基礎疾患等を有する一部の学生が感染リスクを恐れる場合等、大半の授業を遠隔授業での受講をした場合

Q36　カリキュラム・授業

カリキュラム変更前に入学した学生に対してどのような点に配慮したらよいでしょうか。

A　カリキュラム変更により、これまで開設されていた授業科目が廃止されることがあります。このような場合、変更前に入学した学生に対して不利益が生じないようにしなければなりません。

入学時に配付した履修の手引きに掲載した科目については、在学時の学習を保証しなければならないというのが原則です。入学後に下級年次で生じたカリキュラム変更によって、新たに開設された科目を受講できるようになるというのはカリキュラムの充実という観点から問題のない変更です。しかし、入学時に示した科目が廃止となると、在学契約上の問題になると考えられるでしょう。新カリキュラムの科目に読み替え可能な科目については、合同開講等で科目が存続します

が、新カリキュラムの科目に読み替え不可能な科目について、旧カリキュラムの在学生が少人数になった場合、現実的な方法としては科目を閉じていくことを検討しなければなりません。その場合、閉講前年度以前に閉講年度を事前に告知し、履修機会を最低でも1回確保できるよう配慮する必要があります。

Q37　カリキュラム・授業

履修証明制度はどのようなものなのでしょうか。

A　履修証明制度は、2007年の学校教育法の改正により開始されました。学位取得を目指す課程とは別に、主として社会人を対象にした教育プログラムを大学が開設し、修了者には履修証明書を交付できるようになりました。

　学校教育法第105条および学校教育法施行規則第164条に基づいて履修証明書を発行するという意味において、履修証明制度は公式の制度と考えることができます。一方、その教育プログラムのテーマに関しては大学が独自に構想するものであり、目的や内容に応じて職能団体や地方公共団体、企業等と連携した取り組みが期待されています。しかし、現時点ではその多くは各種資格の取得と直結するものでありません。ただ、2015年度には、社会人や企業等のニーズに応じた実践的・専門的な履修証明プログラム等を「職業実践力育成プログラム」として文部科学大臣が認定する制度が始まりました。

　なお、2019年の学校教育法施行規則の改正により、履修証明制度の総時間数の下限が120時間から60時間に引き下げられました。この措置は、その前年の中央教育審議会答申「2040年に向けた高等教育のグランドデザイン」において、リカレント教育の充実のために、より短期の実践的なプログラムの認定が提言されたことに応えたものです。

代理者による履修手続きを認めてもよいでしょうか。

A 大学に来なければ履修手続きできない場合や、インターネットによる履修登録であっても本人が疾病等の場合、友人等の代理人に申請を依頼してもよいかといった問い合わせがあります。

この場合、登録漏れや登録違い等が発生する可能性を考えなければいけません。錯誤があったとすればその責任の所在はあいまいです。さらに、インターネットによる履修登録では、学籍番号や暗証番号等を他人に教えることになり、それに伴うトラブル発生のおそれもあります。

代理者による手続きは避けるのが基本です。しかし、どうしても履修登録ができない旨の申し出があり、それが正当な理由によるものと認められれば、教務担当職員が代行しましょう。その場合も、トラブルを防ぐため、あらかじめ代理履修登録に関するルールを定めておくことが望ましいでしょう。

成績評価の方法には、筆記テストとレポート以外にどのようなものがありますか。

A 成績評価の方法といえば、筆記テストかレポートと考える人が多いかもしれませんが、それ以外の方法も多数あります。授業の目標や評価の方針に照らし合わせ、受講者数等の制約条件を確認した上で、適切な評価方法を選ぶことが求められます。また、誰もがＡＩの生成した文章やプログラムを容易に活用できるようになるといった技術の発展も考慮に入れる必要があります。選択した評価方法によって学生が身につけた能力を適切に測定することができるかどうかを確認しましょう。ここでは、筆記テストとレポート以外の主な方法を紹

介します。

①完成作品による評価

　学生が課題として作品をつくり、その完成作品を評価する方法です。レポートも学生の完成作品の代表例ですが、ポスター、ソフトウエアのプログラム、芸術作品等も完成作品に含まれます。

②実演による評価

　頭ではわかっていても実際にはできないということは少なくありません。技能の習得を目標とする授業の場合には、学生の実演を評価する方法が有効です。外国語の発音、実験の機器の取り扱い、コンピュータの操作、プレゼンテーションスキル、演奏等は実演による評価が適していると言えます。

③観察を通しての評価

　評価の時間を特別に設定しなくても、教員は学生の学習状況を評価することができます。受講態度、グループワークにおける貢献、ノートの取り方、コメントカードへの書き込み状況等を観察することにより、日々の授業の中で評価することができます。

④対話を通しての評価

　口頭試問といえば、大学では入学試験や学位授与の際に使用される評価方法と思われがちかもしれません。しかし、学生と面接する時間が確保できるのであれば、授業内容に対する理解や考え方を確認できる有効な評価方法となります。

⑤ポートフォリオによる評価

　学習のプロセスを含めた評価としてポートフォリオ評価が注目されています。ポートフォリオ評価とは、学生が授業のプロセスで作成したメモ、小テスト、質問カード、ワークシート等を蓄積して、学習の足跡の全体像を捉えようとする評価です。

GPA制度を導入しましたが、GPA2.0未満の学生が多く出ています。どのような対応が必要でしょうか。

A　日本の学生のGPAが、アメリカの学生に比べて低いという話はよく耳にします。このことが留学の足枷になっている事例もみられます。これは、教員の採点基準や学生の学習意欲の違いだけではなく、GP

Grade	GP
A：Excellent/Outstanding	4
B：Good	3
C：Satisfactory/Acceptable/Fair	2
D：Passing/Poor	1
F：Failing	0

A制度の理解にもその原因があるようです。

　そもそも、GPAとは個々の学生の学習到達度を測る指標で、5段階評価の成績を、A＝4、B＝3、C＝2、D＝1、F［不合格］＝0と点数化した上で、履修した科目1単位あたりの平均値を表したものです。

　上の表は、アメリカの一般的な大学での成績の説明です。授業を開講する際、シラバスに学生の到達目標を記載することになっていますが、その到達目標に達したかどうかという観点が最も重要なことであり、それが認められると、最低でもCが与えられます。

　Dは、「十分とは言えないが、ある程度の学習達成はあった」、「望ましい水準には不十分だが、一応の合格」という評価です。つまり、到達目標にわずかに達していない学生のための救済措置のようなものです。D評価がなければ、わずかに合格点に達しない学生が、0点の学生と同じ評価になってしまいます。ある程度の達成はあった科目も不合格となれば、それが必修科目なら卒業の延期も生じかねません。そのような事態を避けるため、教員は評価を甘くすることにつながるおそれもあります。そこで、Dという評価が設定されているわけですが、あくまでGPAは1です。本来の合格レベルはCになります。

　日本の多くの大学では、Dが合格レベルと理解されているようです。そう捉えると、GPAはアメリカの大学より低くなります。教員に対してGPAを説明する場合は、AからFの5段階評価であるということだけではなく、その評語の意

味する内容の理解を促すようにしましょう。

　ＧＰＡ制度は、履修指導、キャップ制、単位制度等、他の多くの教育の仕組み
や奨学金選考等と連動しています。教育システム全体の設計の中にＧＰＡ制度を
位置づけるようにしましょう。

Q41　　　　　　　　　　　　　　　　　　　　　成績評価・単位認定

追試験を実施する際、どのような学生が受験対象者となるのでしょうか。

　　A　　追試験とは、病気その他やむを得ない事由によりその期の定期試験等
　　　　を受験できなかった場合に追加して行う試験です。また、追試験の他に
再試験もありますが、再試験とは、その期の定期試験または追試験を受験し、そ
の成績が「不可」または「不合格」となった者のうち、一定の要件を満たした者
に対し再度行う試験です。

　追試験の対象となる事由については、各大学の内規等で「交通機関の遅延」と
いった例示列挙の形で定めているでしょう。しかし、例示のない「その他やむを
得ない事由」に対して追試験対象に該当するかどうかを判断するのは難しいので
はないでしょうか。

　たとえば、就職活動の面接や試験日は追試験の該当事由としている大学が多い
ですが、面接・試験地が遠方のため定期試験実施日に前泊するという場合は、そ
の前泊が追試の対象事由になるかどうかを判断しなければなりません。前泊地に
定期試験受験後の移動では間に合わない場合に限定して追試の受験対象者とする
べきでしょう。

　また、主に体育系の正課外活動において、公式戦出場をもって追試験対象とす
る場合、出場選手および運営に必要なメンバーのみを対象とし、当該公式戦に出
場する所属クラブの全員を追試験対象者にすることは望ましくないと考えること
ができるでしょう。体育活動および文化活動を含めた正課外活動を活性化させる
観点からも、大学内で十分に検討のうえ、適切に判断することが必要です。

　安易に追試験の対象者を増やすと、定期試験期間を定めて公平な評価をすると

いう意味が薄れるとともに教職員の負担増にもつながるので、慎重な判断が求められるでしょう。

試験期間後の退学であれば、学生に単位を認定することができますか。

A 単位の授与・認定については、大学設置基準第27条に「大学は、一の授業科目を履修した学生に対しては、試験その他の大学が定める適切な方法により学修の成果を評価して単位を与えるものとする」とあります。したがって、授業科目を履修し、試験やレポート等により学習の成果を評価された学生については、その後に退学したとしても単位は認定できます。

ただし、学費未納による除籍の場合については、その未納期間の修得単位等の証明を行うことは、学費を納めた学生との均衡を欠くこととなります。そのため、学費未納の期間は単位を認定しないことを学内の規則によって定めている大学もあります。

大学院における教育は、授業科目の授業および研究指導により行うことと規定されていますが、論文指導のための授業に単位を認定することは認められますか。

A 各授業科目の単位数の計算の基準は大学院設置基準第15条に定められています。同条は大学設置基準第21条を準用しており、同条第2項では、1単位は標準45時間の学習を必要とする内容をもって構成することとし、講義、演習、実験、実技、実習等の授業の方法に応じ、当該授業による教育効果、授業時間外に必要な学習等を考慮して、おおむね15時間から45時間までの範囲で大学が定める時間の授業をもって1単位と定められています。それに加えて、

第3項に「前項の規定にかかわらず、卒業論文、卒業研究、卒業制作等の授業科目については、これらの学修の成果を評価して単位を授与することが適切と認められる場合には、これらに必要な学修等を考慮して、単位数を定めることができる」と記されています。

　大学院の場合は、上記の卒業論文を修士論文や博士論文等に読み替える必要がありますが、基本的には同様と考えることができます。大学院設置基準第12条に記された「大学院の教育は、授業科目の授業及び研究指導によつて行うものとする」という表現は、授業と研究指導を別物にすると解釈するものではありません。論文指導のための授業に単位を認定することは可能です。

Q44　　　　　　　　　　　　　　　　　　　　成績評価・単位認定

インターンシップやボランティアの成果をどのように単位として認定したらよいでしょうか。

A　　大学設置基準第19条第1項において、大学はディプロマ・ポリシーとカリキュラム・ポリシーに基づき、必要な授業科目を自ら開設し、体系的に教育課程を編成することとされています。まずはこれらの方針と照らして、インターンシップやボランティアを大学における学習の成果として認定することが適切かどうかを確認しなければなりません。単位として認定する場合は、インターンシップ等そのものを授業科目として開設する方法と、1つの授業科目の中で実施する実習等の1つとして扱う方法があります。

　1単位の授業科目は、45時間の学習を必要とする内容をもって構成することが標準です。この45時間の中には授業時間と授業外学習時間が含まれています。授業時間はおおむね15～45時間までの範囲で大学が定めることが可能で、授業の方法に応じて、教育効果や授業時間外の学習等も考慮するよう求められています。

　なお、大学設置基準第29条第1項に定めている「その他文部科学大臣が別に定める学修」は、「大学設置基準第29条第1項の規定により大学が単位を与えることのできる学修」（平成3年6月5日文部省告示第68号）にその詳細が定められていま

すが、ここでインターンシップ等の成果を単位認定している訳ではありません。

　インターンシップ等そのものを授業科目として開設する場合、授業時間と授業外学習時間をおおよその数値化し単位数を設定する必要があります。インターンシップの時間のすべてを授業時間として充当するとしても、授業時間外学習としてレポート等を課す等、その学習成果を把握し適切に評価するための対応が望まれます。

Q45　　　　　　　　　　　　　　　　　　　　　　成績評価・単位認定

他の大学等で修得した単位を認定するにはどのようにしたらよいでしょうか。

　　大学設置基準第 28 条により、60 単位を超えない範囲であれば、他の大学等で修得した単位を所属大学で修得した単位と見なすことができます。さらに、大学設置基準第 29 条においては、短期大学または高等専門学校の専攻科における学習等も当該大学における授業科目の履修とみなして、大学の定めるところにより単位を与えることができると定められています。なお、入学前に修得した単位認定について、編入学のように修業年限を通算して入学する場合は 60 単位の制限がありません。ただし、無制限に認定してよいわけではなく、たとえば、カリキュラム・ポリシーと照らして認定する単位を検討することが必要です。

　単位認定のための具体的な手続きとしては、まずは単位を修得した機関による単位修得証明の提出を受け、修得した単位の内容をシラバス等により確認し、大学の教育課程に充当できるかどうかを判断します。決定にあたっては、教務委員会での審議を経て教授会の審議事項とする場合が多いようです。大学設置基準において定められている認定可能の 60 単位に対し何単位を認定可能とするかは、各大学において学則等で定めます。

　なお、他の大学で開講される一定の科目について、当該大学の履修と見なして履修許可・単位認定する単位互換制度は、1972 年の大学設置基準改正で制度化されています。

68

学生が他の大学等で履修した授業科目の単位や TOEIC や TOEFL 等の結果を大学の単位として認定する場合、段階的な評定による成績評価を付す制度上の根拠はどこにありますか。

A 他の大学等で履修した授業科目の単位を読み替える場合も、TOEIC や TOEFL 等の結果を授業科目の履修とみなし単位を与える場合も、段階的な評定による成績評価を付すことは可能です。

　大学設置基準には、単位に関する規定はありますが、成績評価に関しては「客観性及び厳格性を確保するため、学生に対してその基準をあらかじめ明示するとともに、当該基準にしたがつて適切に行う」(第25条の2第2項)とされているだけで、具体的な規定はありません。つまり、ＧＰＡ制度をはじめとする成績評価の仕組みは、学内措置という位置づけになります。そのため、単位を与える際の成績評価は、学内の規則等にのっとり実施することで可能です。事前に定めた規則等に該当しない場合は、教授会や教務委員会等で審議し、判断されることになるでしょう。

　段階的な評定を付けることは必ずしも義務というわけではありません。実際には、認定科目や合否科目として単位認定だけ行っている扱う大学も少なくありません。

正規学生以外の者が、大学の授業を受講し単位を修得することはできますか。

A 大学の正規学生以外の者が一部の授業科目を履修した場合、単位修得を認定する制度としては、科目等履修生制度と履修証明プログラムがあります (大学設置基準第31条)。

　科目等履修生や履修証明プログラムの受講生として修得した単位は、大学に正

規に入学した場合、大学の判断で当該単位を入学後に修得したものとみなして卒業に必要な単位数に算入することができます（大学設置基準第30条第1項）。算入できる単位数は、当該大学在籍中の他大学等との単位互換による単位数と合わせて60単位を超えることはできません（同第4項）。ただし、入学前の既修得単位が当該大学において修得したものである場合、上記の60単位の対象外となり、制限はありません。そのため、学内の取り決めで一定の制限を設けることが考えられます。

　この規定を用いて、一般選抜試験において合格に至らなかった受験者のうち、成績上位者であり、学習意欲に満ち、その大学への入学を強く希望する者を特別科目等履修生として登録し、1年間の成績によって、次年度の入学試験を経て、正規学生（2年次）となる特別科目等履修生制度を設けている大学もあります。

　なお、他大学に在学している学生を受け入れることについては、制度上は可能ですが、大学間の単位互換制度を活用して対応することが望ましいと考えられます。

　また、科目等履修生制度や履修証明プログラムとは別に、聴講生制度や研究生制度があります。これらは、法令の規定はなく、各大学が独自に定めるものです。聴講生は、特定の授業科目だけを一般の学生と共に受講しますが、学生としての身分は持ちません。したがって、聴講生として受講した授業科目に対して単位を認定し、卒業要件としての単位数に加えることはできません。研究生は、主として大学院の修士課程や博士課程への進学を検討する大学生、大学院生、社会人が研究準備のため大学院等に在籍するものです。聴講生と同じく、単位修得はできません。学内の施設利用も制限される場合がありますが、各大学が定める制度であるため、柔軟な運用も見られます。

Q48

再入学した学生が退学前に修得した単位を、既修得単位として認定することはできますか。

A 　再入学とは、大学を退学または卒業した後、同一の大学に再び入学することです。退学の場合、退学時までに修得した単位は認められ、成績証明書も発行されます。したがって、再入学を許可し入学を認めた場合、退学前に修得した単位は認められます。ただし、認められる単位は、一律に決まるものではありません。カリキュラムの改編が行われていれば、学生が在籍した当時のカリキュラムと現行のカリキュラムを比較し、現行の授業科目の履修とみなせるかどうかの判断が必要です。認定された単位であっても卒業要件単位に算入できない場合もあるでしょう。

　なお、再入学後の修業年限、在学期間および休学期間は大学において定めます。再入学に対しては、認められる学年を考慮し、認定できる既修得単位数、修業年限等を設定している大学が多いようです。

Q49

休学中に他大学で修得した単位を認定することができますか。

A 　文部科学省高等教育局大学振興課事務連絡（2012年3月28日）においては、以下のように定められています。

　学生が在学中に休学を認められ、他の大学で学習することは、従来どおり差し支えない。なお、この場合における他大学において修得した単位については、大学設置基準第28条の規定の趣旨を踏まえ、当該学生が在学する大学において、学則等を整備した上で、当該大学において修得したものと認定することも

差し支えない。ただし、当該休学期間を在学期間に算入するものではない。

上記のとおり、休学中であったとしても、他大学で修得した単位を認定することは可能です。一般的な他大学等で修得した単位を認定する学内の規則等に従い処理します。

Q50

学部と修士課程の研究科を通した5年一貫の教育プログラムを構想しています。学部4年次に研究科の授業科目を履修するに際し、修士課程の修了要件となる30単位分の履修を認めてもよいでしょうか。

A 　2020年の大学院設置基準の改正により、学生が他の大学院において修得した単位及び入学前に他の大学院において修得した単位をそれぞれ15単位まで、合わせて20単位まで当該大学院において修得したものとして扱えるようになりました。

ただし、学生が入学前に当該大学院において修得した単位については、上記の扱いから除外されています。よって、入学前に当該大学院において修得できる単位数に上限はなく、学部4年次に大学院の30単位を履修することは制度上では可能です。しかしながら、制度上は可能とは言え、教育課程を開設する大学側の判断として、入学前に修了要件すべての単位の履修を認めることが適切かどうかは、一考の余地があると言えるでしょう。実際、多くの大学院では、入学前に当該大学院において修得した単位の認定に関して、一定の制限を設けているようです。

コラム	大学職員のヨコのつながり

　民間企業で働いた経験を持つ大学職員が驚くことの1つが大学間の情報共有です。大学関係団体には国立大学協会、日本私立大学協会、日本私立大学連盟などいくつもありますが、各団体で合同研修による知識共有や情報交換を推進しています。「大学行政管理学会」は全国の大学横断的な職員の相互啓発と研鑽を深める諸活動が行われ、さまざまな課題に取り組みながら懇親も深めています。「大学職員『人間ネットワーク』」は、従来の提供型研修会ではない、会員相互理解に重点をおいた、意見交換による自己啓発促進を目的にした組織ですし、「国立大学一般職員会議（コクダイパン）」では国立大学の将来像やそれを実現するために多様な課題について、一般職員が議論等を通じ将来像実現のための具体的方策や行動計画の作成・提言を目指し活動されています。この他にも多くのネットワークができています。

　なぜ大学ではこうした機関外の職員との交流が可能なのでしょうか。その理由として、大学が長らく競争環境になかったこと、国立大学は文科省管轄下で共同体意識があったこと、大学構成員である教員がもともと機関を超えた学会単位のつながりが大きかったことなどが考えられます。また、大学には比較的小規模な組織も多く、同年代や同じ業務の人員がそれほど多くないため、組織内の情報共有だけでは不十分だったことも理由の1つでしょう。

　こうした機関を超えたヨコのつながりは、対面のつながりだけでなくインターネットなどによるネットワークとしても拡大しています。問題に直面し大学内に相談相手が見当たらないとき、相談先の1つはこんなネットワークかもしれません。ネットワーク上では、休学中の学生に対する証明書は発行してよいか、創立記念日に授業をする大学があるかなどが話題になり、さまざまな大学職員による意見交換がされています。

　さまざまなネットワークを活用した情報交換は業務に役立てることもできますし、所属機関を超えて日々の活動の活力になることもあります。所属する組織の中だけでなくヨコのつながりも活用し、情報収集や課題解決する力を獲得することを、SDと捉えることも可能でしょう。　　　　　　　［辰巳早苗］

Q51　シラバス

日本のシラバスはアメリカのシラバスと違うと聞きましたが、何が違うのでしょうか。

A　シラバスは授業の計画をまとめた文書です。日本ではシラバスは、以下のように定義されています（中央教育審議会、2008）。

　　各授業科目の詳細な授業計画。一般に、大学の授業名、担当教員名、講義目的、各回ごとの授業内容、成績評価方法・基準、準備学習等についての具体的な指示、教科書・参考文献、履修条件等が記されており、学生が各授業科目の準備学習等を進めるための基本となるもの。また、学生が講義の履修を決める際の資料になるとともに、教員相互の授業内容の調整、学生による授業評価等にも使われる。

　日本の大学ではシラバスが1990年代半ばから広く普及しました。2007年の大学設置基準に、「大学は、学生に対して、授業の方法及び内容並びに一年間の授業の計画をあらかじめ明示するものとする」が加えられ、大学においてシラバスは義務化されたと言えます。

　日本のシラバスには、アメリカのシラバスとは異なる特徴があります。その理由は、日本の大学においてシラバスが普及した際に、アメリカの大学で使用されていた授業要覧とシラバスという目的の異なる2つのものが十分に整理されなかったためです。

　アメリカにおいて、授業要覧は大学で開講されるすべての授業の内容を簡潔にまとめた冊子です。一方、シラバスは初回の授業で教員が受講者だけに配付する詳細な文書です。授業要覧は学生が授業を選択するためのものであり、シラバスは受講生の学習活動を支援するものです。また、授業要覧は大学によって項目や字数等が定められていますが、シラバスは教員が自由に記述することができます。

　本来は目的の異なる授業要覧とシラバスですが、日本の大学ではまとめてシラバスと呼んでいます。中央教育審議会の定義を見ても、学生が履修を決める際の

資料として位置づけられていながらも、準備学習等の指示のように受講生の学習を支援するという要素も組み込まれていることがわかります。

　したがって、アメリカの大学をよく知る者にとっては、履修を決める際の資料という要素も含んだ日本のシラバスに違和感を持つようです。誤解を与えないように、シラバスの定義と役割を説明することが求められます。

Q52　　　　　　　　　　　　　　　　　　　　シラバス

シラバスの内容について授業担当者にはどこまでの裁量があるのでしょうか。

A　編成したカリキュラムのもとで授業が実践されるためには、大学の方針にそったシラバスが適切に作成されなければなりません。一方、大学は歴史的に学問の自由の考え方のもとで、教育活動において教員に一定の裁量を与えてきました。教員の専門性の中核部分である教育活動については、その内容に精通している教員にこそ、ある程度一任する方がよいと考えることもできます。したがって、大学が教員の教育活動を過度に管理することも、逆に過度に自由放任にすることも不適切と言えるでしょう。大学が一定の方針を示しつつも、教員の自主性や創造性が発揮できるような裁量について検討することが重要になります。

　シラバスの内容について授業担当者に大学の指針を示すものとしては、授業科目の学習目標の記述があります。多くの大学では、シラバスの作成の指針を定めて、カリキュラム全体の学習目標にそって個々の授業科目の学習目標を定めるように求めています。授業担当者ではなく組織の方針として、カリキュラムの学習目標との対応関係や学習目標を設定する場合もあります。また、授業時間外の学習の確保、アクティブ・ラーニングの活用等を指針に定める大学もあります。さらに、授業担当者によって作成されたシラバスの内容を組織として点検する取り組みも多くの大学で実施されています。

Q53

シラバスを点検する場合に職員は何ができるでしょうか。

A 教育の質保証という観点から、授業を担当する教員が作成したシラバスの内容を組織的に点検するという取り組みが多くの大学で実施されています。その際に、職員としてできることも多いといえます。

　シラバス作成の指針や点検項目を定めているのであれば、それにそって職員が点検を行うことができます。たとえば、ディプロマ・ポリシーで示した学習目標との対応が明示されている、学生を主語にして学習目標が明確に示されているといった内容です。他にも、評価方法と採点基準が明示されている、評価方法ごとの成績評価への配分比率が明示されている、授業時間外の学習が具体的に明示されている等の指針や項目が設定されることがあります。シラバスの項目別に文字数の範囲が定められていれば、その確認もできるでしょう。大学設置基準で示された1単位あたりの学習時間の確保や成績評価基準の明示等も点検項目となります。また、誤字脱字についても気づけば指摘するとよいでしょう。

　シラバスを点検する際には、特定の授業科目のシラバスを重点的に点検するという方法もあります。たとえば、初めて担当する教員の授業科目や、多くの受講者が単位を修得できなかった授業科目等を重点的に点検の対象とすることができます。一方で、内容が大幅に変更されていない授業科目で、以前に点検済のシラバスについては、点検の対象から除外すことも考えられます。

　シラバスの点検の結果によっては、教員にシラバスの修正を依頼する場合もあります。教員が修正を完了するまでのスケジュールを見越して、シラバス点検の時期を定めておきましょう。シラバスの点検と修正に2週間程度の期間を確保する大学もあります。また、シラバスの点検で頻繁にみられる修正事項については、教員対象の研修やシラバス作成の手引き等でも注意を喚起するとよいでしょう。

Q54

シラバス

シラバスはいつ公開する必要があるのでしょうか。

A 大学設置基準第25条の2では、「大学は、学生に対して、授業の方法及び内容並びに一年間の授業の計画をあらかじめ明示するものとする」とされています。これを踏まえると、年度が始まる時までに1年間の授業計画を学生に明示すべきと言えるでしょう。実際には、2月や3月に4月からの1年分の授業のシラバスを公開している大学が多いです。

しかし、そのスケジュールでは、後期の授業科目のシラバスを、前年度の授業の途中段階に作成しておかなければなりません。成績評価の結果や学生の授業アンケートの意見を踏まえて授業を計画することができなくなります。そのため、必要に応じて学期前にシラバスの修正期間を設ける等の工夫があります。

Q55

免許・資格

教職課程の単位は、単独の大学ですべて修得する必要がありますか。

A 教職課程は、大学の学部、学科、課程、専攻等（以下、学科等という。）ごとに文部科学大臣の認定を受け設置されるものです。そうしたことから、教職課程の教育内容は、文部科学省で設定された基準により定められているため、認定を受けていればどこの大学の学科等であっても基本的な教育内容は法令に基づき同等と見なすことが可能です。したがって、さまざまな理由により教員免許取得に必要なすべての単位を所属大学で修得することができない場合、他の教職課程を設置する学科等の該当する単位を修得し、これに充てることができます。

教員免許の申請には、教員免許取得のための単位修得証明書である「学力に関

する証明書」を各都道府県の教育委員会に提出することが必要です。そのため、該当の単位を修得した大学で「学力に関する証明書」の発行を受ければ、単独の大学ですべての必要な単位が修得できていない場合でも申請は可能です。

　ただし、言うまでもなく、教職課程の運営においては適切な指導が必要とされているため、多くの大学が教育実習や介護等体験実習等の学外実習の履修要件を設定し指導しています。また、他大学で修得した単位の認定を活用し教員免許の申請を行うことは可能ですが、認定単位や流用できる単位の上限等が定められていますので、対応には注意が必要です。そのため、教職課程の単位は、在籍する課程で修得することが基本であり、他の大学等で修得することは補完的な措置であると考えることが望ましいでしょう。

　なお、大学ごとに特色ある教育を行う目的等から、教育職員免許法に定められた最低修得単位数を超えて授業科目を設定している場合があります。この場合も、教員免許取得のための最低修得単位数は全国一律であるため、法令の最低基準を満たしていれば免許申請が可能ということになります。

Q56　免許・資格

教員免許取得のために開設した授業科目を、卒業のための必要単位に加えることはできますか。

A　　主に各教科の指導法をはじめとする教職専門科目（いわゆる教職に関する科目）は、教員養成を主たる目的としない学科等において、卒業のための必要単位とは別に開設されていることが多いでしょう。しかし、これらの科目は必ずしも卒業のために必要な単位とは別にしなければならないという規定はありません。ただし、卒業のために必要な単位に含めるためには、カリキュラム・ポリシーに合致する科目であるかどうかという検討が必要となります。

　一方、教科に関する専門的事項に関する科目については、自由科目としての設定は認められておらず、すべて卒業要件単位としなければなりません。それは教科に関する専門的事項に関する科目が学位プログラムを構成する科目であり、当該学科の学位プログラムによって教科の専門性を身につけるということになって

いるからです（「学科等の目的・性格と免許状の相当関係に関する審査基準」参照）。

Q57

教員免許取得の課程認定を受けていない学部を卒業した者が教員免許を取得するためにはどうしたらよいでしょうか。

A 　教職課程は、教育職員免許法に基づき学科等ごとに文部科学省の認定を受け設置される教育課程です。教員養成を目的とする大学の課程のほか、一般の大学の学部・学科や大学院の研究科・専攻についても、その目的、性格、教員組織等が教員の免許状授与の所要資格を取得させるにふさわしいものである場合には、教職課程の認定がなされます。この認定を受けた大学の学科・課程等に在籍し、免許法令に定める教科および教職に関する専門科目等について必要な単位を修得し、かつ、免許法で定める基礎資格（学士等の学位）を取得すれば、免許状の授与を受ける資格が得られます。

　課程認定を受けていない学部を卒業した者も基礎資格（学士）は有しています。教員免許を取得するにはこれに加え、文部科学大臣の認定を受けた大学で科目等履修生として単位を修得することが必要となるでしょう。

　つまり、課程認定を受けていない大学を卒業した場合、課程認定を受けた大学に編入学等により入学するか、科目等履修生として在籍し、必要な単位を修得することができれば、教員免許を取得することができます。出身学科等が教職課程の認定を受けていない場合であっても、学力に関する証明書の交付を受けることができます（文部科学省ウェブサイトの「課程認定を有していない大学における教育職員免許法施行規則第66条の6の証明について」参照）。一種免許状の基礎資格である学士の学位を有する証明と、教育職員免許法施行規則第66条の6に定める科目の単位修得証明（修得単位がある場合のみ）を受けて、単位修得を行う大学に提出する必要があります。

Q58

１つの授業科目を複数の資格課程の科目として設定することは可能でしょうか。

A １つの授業科目を複数の資格課程において設定してはいけないという規定はありません。たとえば、学芸員課程と図書館司書課程の「生涯学習概論」、幼稚園教諭課程と保育士課程の「障害児保育」、高等学校教諭一種免許状「公民」の教科に関する専門的事項に関する科目と公認心理師養成課程の科目が該当する例です。

しかし、各資格課程において授業科目名称が同じであっても、求められる授業内容は資格によって異なります。両方の資格課程で求められる内容を含むことができれば１つの授業科目を複数の資格課程に使用することができますが、それができない場合はそれぞれの資格課程ごとに科目を分けるべきでしょう。１つの授業科目で複数の資格課程に使用することができていても、その後、いずれかの課程で法令改正等があれば、求められる授業内容に変更しなければならず、科目を分けざるを得ないこともあります。

各資格課程において修得すべき内容を担保できている授業なのかどうかという視点を軸に、学生の履修負担と開講科目数のスリム化を同時に目指すことができればよいでしょう。

Q59

公認心理師と臨床心理士の違いは何ですか。それぞれの養成課程で大学が提供する授業科目にどのような違いがありますか。

A 公認心理師は、2017 年に公認心理師法の施行によって生まれた新たな国家資格です。一方、1988 年から資格認定が行われてきた臨床心理士は、公益財団法人日本臨床心理士資格認定協会が認定する民間資格です。しか

コラム	教務情報システム雑感

　教務情報システムとは、教務システム、学務情報システム等、さまざまな名称で呼ばれることもありますが、いわゆる学籍情報、履修情報、成績情報等を管理するコンピューターシステムのことです。証明書の発行、学生への通知、シラバスの掲載等の多様な機能が組み込まれる場合もあります。教務系職員は業務を行う上で避けては通れないシステムとなっています。

　ところが、各大学に導入されている教務情報システムの操作性に関して、教職員からの評判は必ずしもよいものではないようです。むしろ、その使い勝手の悪さについて、多くの大学の職員の共通の話題になっているかもしれません。また、システムの更新のたびに変わる仕様についても厳しい意見がよく聞かれます。

　では、教務系業務の基盤となるシステムに対する不満の要因はどこにあるのでしょうか。代表的な指摘は、パッケージでは補いきれない大学独自の運用を変えずにシステムを導入したこと（大幅なカスタマイズを必要としたから）、大学の情報システム部門と教務部門、大学と業者の連携の問題、不十分な予算措置等が挙げられるでしょう。これらすべてが原因として当てはまるように思います。しかし、それらの問題が解決されたとしても、同様の不満が解消されるようには思えないのです。おそらく、それらの原因に加え、何をそのシステムに依存し何を断念するかという学内の合意の形成と納得感、困ったときに相談できる体制があるという安心感、今後は良いシステムが構築されるであろうという将来の期待感等、業務の動機付けに関する重要な問題がシステムの不満の背景として大きいように感じます。

　教務情報システムの使用は業務に不可欠な状態であり、職員はシステムと向き合っています。教務情報システムに対する不満は大学の構成員の業務運営に対する不信感にもつながるのではないかと言えば、少し言い過ぎでしょうか。
　　　　　　　　　　　　　　　　　　　　　　　　　　　　　　[大津正知]

し、両者に大きな違いはみられないと言われることがあります。

　公認心理師を受験するためには、文部科学省令・厚生労働省令で定める大学において関連科目 25 科目（公認心理師法施行規則第 1 条の 2）を履修した後、大学院において 10 科目（同第 2 条）を履修する必要があります。

　臨床心理士については、日本臨床心理士認定協会指定の大学院または専門職大学院を修了することが必要です。専門職大学院を修了すると、臨床心理士資格審査一次試験の論文記述筆記試験が免除されます。

　公認心理師の養成課程は、学部と大学院の 6 年間の課程になっていることが特徴です。これは、臨床心理士の団体だけではなく、臨床系以外の心理学の専門家による心理学諸学会連合や精神科医の団体が関与して公認心理師制度を創設した経緯に起因しています。そのため、公認心理師養成のカリキュラムは、臨床心理学だけでなく、心理学や医学等の関連分野を幅広く学べるように意図されています。

　なお、公認心理師と臨床心理士の両方の受験資格を得られる大学院もあります。その場合、両方の資格取得に関わる科目が設定されています。

Q60　　　　　　　　　　　　　　　　　　　　　　　免許・資格

設置する予定の大学博物館において、学芸員養成課程の「博物館実習」を実施するためにはどのような条件が求められるのでしょうか。

　A　　学芸員の資格は、主に大学の学芸員養成課程を履修することで取得できます。2012 年 4 月、博物館法施行規則の一部改正によって、大学等における学芸員養成課程の科目が変更されましたが、引き続き「博物館実習」はその中の科目に位置づけられています。

　文部科学省が定めた「博物館実習ガイドライン」（2009）では、実習先として「登録博物館又は博物館相当施設（大学附属博物館を含む）において実習を行うことが望ましい。大学においてこれに準ずるものとして認める施設の場合、収集、保管、展示、調査研究等の博物館の基本的機能を有し、常勤の専門職員が配置されている館園を中心に、その効果を十分検討した上で認めること」としています。

博物館実習を大学博物館で実施するためには、法律上の位置づけがある博物館相当施設の指定を受けるに越したことはありません。博物館と同種の事業を行う博物館類似施設であったとしても、上記ガイドラインに則って登録博物館と同種の事業を行う施設になるように制度を整える必要があります。

Q61
卒業・修了

大学の卒業の要件とされる最低の修得単位数は、なぜ124単位とされているのですか。

A 大学基準協会が定めた戦後の大学基準（1947年7月）では、学士号を与える最低の単位数は120単位とされていました。これは、1週間の学習量である45時間を1単位とし、年間30単位、4年間で120単位という想定から導かれたものです。1947年の大学基準の改定により、「体育に関する講義及び実技（4単位）」に関わる規定が追加され（後の保健体育科目）、124単位となりました。この大学基準は、1948年に大学設置委員会により大学設置基準として採用され、1956年の大学設置基準の文部省令化後も124単位の規定は引き継がれることになったのです。

それでは、124単位以上であれば何単位でも問題ないのでしょうか。いいえ、大幅な単位の増加は、単位制度の実質化の観点から適切とは言えません。かつて、大学基準等研究協議会（1963-1965）が答申した「大学設置基準改善要綱」（1965）では、増加単位数を「おおむね16単位を限度とする」と上限の目安が示されました。124単位の授業を教育の効果に照らして充実させることを優先し、単位の増加には慎重であるべきという方針に変わりはありません。

Q62

飛び入学と早期卒業はどのような違いがありますか。

A　飛び入学と早期卒業は、本来の修業年限より短い期間でその教育機関での学習を終えるという点では同様のものです。飛び入学は、優秀な学生を早く受け入れ、より高度な教育を行う受け入れ側の視点から作られた制度であり、早期卒業は、優秀な学生を早く卒業させようとする送り出す側の視点から作られた制度です。

　早期卒業で学部を卒業した者には卒業が認定され、学士の学位が授与されますが、飛び入学の場合、当該学校の卒業資格が与えられません。たとえば、高等学校から大学へ飛び入学した場合、その大学を卒業すれば卒業と同時に学士の学位を得ることになりますが、高等学校卒業の資格はありません。そのため、学生が進路変更をしようとしても、高等学校卒業の扱いとなりません。就職や資格試験等の受験において困難が生じるとともに、飛び入学の活用が促進されない一因ともなっていました。そのため、2022年に設けられた高等学校卒業程度認定審査制度によって、飛び入学者が大学を中退した場合、一定の単位を修得していれば、高等学校を卒業したことと同等以上の学力があると文部科学大臣によって認定することができるようになりました。

　高等学校から大学への飛び入学の根拠法令は学校教育法第90条第2項です。学校教育法施行規則第153条は、高等学校に2年在学することが要件とされています。大学から大学院への飛び入学の根拠法令は、学校教育法第102条第2項であり、学校教育法施行規則第159条に学部に3年、ただし医学、歯学、薬学を履修する課程のうち臨床に係る実践的な能力を培うことを主たる目的とするものおよび獣医学を履修する課程、いわゆる医歯薬等の課程は4年以上在学することが要件とされています。

　一方、早期卒業の制度は、学校教育法第89条が根拠法令であり、学校教育法施行規則第147条に詳細な要件が規定されています。履修登録の制限を設け適切に実施すること等が定められていますが、医歯薬等の課程については、早期卒業

の制度はありません。

Q63

一部の単位が修得できないため卒業要件を満たせずに留年した学生が、翌年度の学年途中に卒業要件を満たした場合、卒業を認めることはできるのでしょうか。

A 大学設置基準第32条第1項に「卒業の要件は、124単位以上を修得することのほか、大学が定めることとする」と定められています。この条件を満たすかぎりは、学長は卒業を認定することができます。

卒業の時期について、学校教育法施行規則第163条第1項に「学年の始期及び終期は、学長が定める」、同第2項に「大学は、前項に規定する学年の途中においても、学期の区分に従い、学生を入学させ及び卒業させることができる」と定められていることから、年度途中であっても、学期末であれば卒業を認めることは妥当でしょう。

ただし、年度途中での卒業が学生にとって有益であるかどうかを勘案するとともに、大学が年度途中の卒業を認めていない場合もありますので、各大学あるいは学部の取り扱いを確認しておきましょう。

Q64

学費未納の学生に対して卒業を認めることはできますか。

A 卒業判定時に当該学期の学費が未納であれば、「条件付き認定」という形を取ることができます。3月31日までに納入されたら卒業、そうでない場合は除籍として対応します。

大学設置基準第32条第1項に「卒業の要件は、124単位以上を修得することのほか、大学が定めることとする」とあります。「大学が定める」とは、2022年

の改正大学設置基準施行通知において、各大学等が定める「卒業認定・学位授与の方針」と関係のない事柄について、別途卒業の要件として大学が定めることは想定されていません。しかし、学費の納入は、大学で修学する前提条件であり、学費を納めない者が学位記を取得するということは認められません。上記のような混乱を避けるため、後期の学費の納入限度期日を1月末日あるいは2月末日と定め、その日をもって除籍とする大学もあります。

　参考までに、大学所蔵の図書を返却するまで卒業証書を渡さないという措置を取った大学が新聞記事に取り上げられたことも過去にありました（読売新聞2007年3月2日夕刊、毎日新聞2009年3月5日夕刊）。

Q65　卒業・修了

就職内定の取り消し等で実施されている卒業延期制度とは、どのようなものですか。

A　卒業延期制度とは、卒業要件を満たした学生が、何らかの理由により、卒業を延期して引き続き在学もしくは在籍できる制度です。学生の中には意図的にわずかな単位を落として、あえて卒業条件を満たさず留年する者もいます。そうした場合も広義の卒業延期と呼べるかもしれませんが、制度としての卒業延期ではありません。

　卒業要件を充足した学生は速やかに卒業するのが原則ですが、2008年の世界同時不況を受け、卒業単位を満たしていたにもかかわらず、多数の学生が内定取り消しを受けました。社会問題にもなり、卒業延期制度が多くの大学で導入されました。

　就職活動のためにあえて卒業延期を選択する大きな理由は、日本の企業の新卒一括採用方式でしょう。卒業単位を満たしていてもなお在籍することは、各大学の判断により可能です。大学ごとに対応は様々です。たとえば、学費設定に関しては、年間の学費を何割か減じる大学があります。科目履修を行わない学生を休学に準ずる扱いとして在籍料のみ徴収する大学もあります。

Q66

2022 年の大学設置基準の改正で、卒業の要件から「4 年以上の在籍」という文言が削除されましたが、卒業要件の単位を修得した学生の早期卒業を認めることは可能でしょうか。

A 2022 年に改正された大学設置基準第 32 条で、「卒業の要件は、124 単位以上を修得することのほか、大学が定めることとする」とされ、同規定から「大学に 4 年以上在学し」という文言が削除されました。しかしながら、大学の修業年限が 4 年であること（学校教育法第 87 条）に変更はありません。

今回の大学設置基準改正の趣旨は、4 年間在籍することを厳密に求めるものではないことを明確にすることです。たとえば 9 月入学した学生が、学期の区分に従い 7 月に問題なく卒業できるようにするものであって、早期卒業に対しての特別な意味合いは含んでいません。

早期卒業を実施するためには、学校教育法第 89 条及び学校教育法施行規則第 147 条に従い、大学があらかじめ制度設計しておくことが必要になります。

Q67

大学院博士課程の学生の満期退学とはどのようなものですか。

A 博士課程の修了要件は、大学院設置基準第 17 条において、大学院に 5 年以上在学し、30 単位以上を修得し、かつ、必要な研究指導を受けた上、当該大学院の行う博士論文の審査および試験に合格することと定められています。この 5 年には、修士課程を修了した者にあっては、修士課程における 2 年の在学期間を含みます。修了要件のうち、博士課程在学中に、博士論文の審査および試験に合格することを満たすことができず、博士課程を退学することの非公式の呼称として、満期退学や単位取得退学という言葉があります。この場合、博士の学位は取得できません。ちなみに修士課程には満期退学や単位取得退学とい

う制度はありません。

　なお、大学院博士課程を満期退学後、当該大学院に博士論文を提出し、審査に合格した者は、学位規則第4条第2項に規定する者（論文博士）として扱うことになります。この場合も経歴としては大学院退学であることは変わりません。

Q68　学位

学位にはどのような種類がありますか。

　　　A　学位とは、学位を与える課程を修了した証、またはそれと同等以上の能力を有していることの証です。学位については、学校教育法第104条に規定され、同条に基づき学位規則が定められています。学位は、大学または大学改革支援・学位授与機構から授与されます。

　現在の学位は、博士、修士、専門職学位、学士、学士（専門職）、短期大学士、短期大学士（専門職）です。大学においては、過去に取得された学位についても扱うことがあるので学位の歴史を把握しておくとよいでしょう。

　戦前において学位は、1887年の学位令に定められ、博士と大博士の2種類でした。しかし、大博士は1件も授与されないまま、1898年の学位令の改正により廃止されました。

　そして戦後の教育制度改革によって学位令は廃止され、学位制度は学校教育法（昭和22年法律第26号）とその施行省令である学位規則に定められるようになりました。1953年には、学位規則（昭和28年4月1日文部省令第9号）が公布され、それまでの博士の学位に加えて修士の学位が定められました。

　1991年における学校教育法の改正では、それまで称号であった学士が学位として定められ、学位は学士、修士、博士の3種類となりました。また、〇〇博士という表記から博士（〇〇学）という表記に変更されました。さらに学校教育法第104条第4項により、論文博士が法律上明記されるようになりました。

　2003年には、専門職大学院が設置され、修士（専門職）および法務博士（専門職）が学位として定められました。また2005年には短期大学士も定められま

コラム	カンと経験と度胸

　昔話で恐縮ですが、初めて教務系のセクションに就いた当時のことです。業務を遂行する上で「学校教育法のこの規定及び大学設置基準のこの規定に基づき学則にもこのように定められているので、それに従って対応しなさい。これは法令に定めがないが、学内規則に従いこのように進めなさい」というような理詰めの教育を先輩職員から受けた覚えがありません。先輩の日常の仕事ぶりを見ながら、昨年度までの業務対応を原議書綴りを読み返して前例を踏襲することで仕事を覚えたものです。「教務を含む学生系の仕事は、経験と度胸で対応すべし」と豪語する年配職員もいました。まだ学生運動の余韻が残る環境の下、経験と度胸が必要という面も確かにありました。カンと経験に基づき業務を遂行し、判断に迷ったときは度胸で勝負というようなやり方です。私は、この業務対応法をKKD（カンと経験と度胸）と呼んでいます。

　さて、現在はどうでしょう。大学教育を巡る答申が頻繁に出され、それに伴い大学設置基準等の法令も毎年のように改正される状況下では、KKDだけでは円滑な業務遂行はできません。関係法令や学内規則についての最小限の知識や教育改革の方向性を理解しながら仕事を行うことが求められます。少なくとも、『大学関係事務提要』（ぎょうせい）、『大学設置審査要覧』（文教協会）、『文部科学法令要覧』（ぎょうせい）などを適宜参照し、考えながら業務に当たりたいものです。

　一方で、頭の中が法令の知識だけの人間が適切な教務事務を遂行できるかといえば、否です。窓口での学生対応、教務の分野では教員対応という具合に業務の多くの部分は生身の人間と対峙しなければなりません。また、法規には書いていない想定外のことに弾力的に対応する必要があります。したがって、一定のKKDも必要であるし、何よりも日々自分自身を磨き、度量の大きい人間になる必要があるのではないでしょうか。　　　［村瀬隆彦］

した。2007 年には、教職大学院が設置され、教職修士（専門職）が定められました。2017 年には、専門職大学と専門職短期大学の制度が設けられ、学士（専門職）と短期大学士（専門職）が定められました。

なお、学校教育法第 121 条には、「高等専門学校を卒業した者は、準学士と称することができる」と定められていますが、これは学位ではなく称号です。同じく称号として、専門学校の修了者に対しては、修業年限が 2 年以上で特定の要件を満たす場合の専門士、修業年限が 4 年以上で特定の要件を満たす場合の高度専門士があります。

Q69　　　　　　　　　　　　　　　　　　　　　　　　学位

課程博士と論文博士はどのような違いがありますか。

A　　所定の単位を修得し博士論文の審査および試験に合格し、大学院の博士課程を修了した者には、博士の学位が授与されます。これを博士（甲）、いわゆる課程博士と言います。

一方、大学院の行う博士論文の審査に合格し、かつ大学院の博士課程を修了した者と同等以上の学力を有することを確認された者にも、博士課程を置く当該大学が自らの定めるところにより、博士の学位を授与することができるとされています。これを博士（乙）、いわゆる論文博士と言います。博士課程在学中に博士論文を提出できず、退学してから提出する場合がこれに該当します。

戦後の教育改革の際、スクーリングを必要としない論文博士の制度は、新制大学院の趣旨に添わない点や博士課程の存在意義にかかわる点等から議論がありました。結局、1953 年制定の学位規則に明記されるように、大学側の要求により存続されることになりました。旧制大学院はもとより、新制大学院においても、論文博士の数が課程博士の数を上回る状態が続きました。1991 年の学位規則の改正後、課程博士が増加し、論文博士を上回るようになっています。

Q70

博士課程を持つ新設研究科において、論文博士はいつから授与できますか。

A 新設研究科の論文博士については、「学位規則の制定公布について」（昭和28年5月2日文大大第283号文部省大学学術局長通知）において、当該大学大学院の課程を経た者に対する博士の学位が授与された後に取り扱うものとするとあります。博士課程修了者と同等以上の論文であるという比較すべき論文がないこと、また、論文の受理・審査については研究科単位で行っていること等の理由から、課程博士の学位授与がない段階で論文博士の学位の申請はできません。したがって、新設研究科で最初となる課程博士の学位授与がなされた後に、論文博士を授与することができます。

Q71

博士学位授与後1年以内に学位論文を公表する義務がありますが、特許や産学共同研究等の案件がある場合はどうすればよいですか。

A 2013年4月に学位規則の改正があり、第9条第1項で「博士の学位を授与された者は、当該博士の学位を授与された日から1年以内に、当該博士の学位の授与に係る論文の全文を公表するものとする」とされました。従前は印刷公表だったのですが、同第3項にてその公開は「インターネットの利用により行う」ものとなりました。一方、同第2項では、「やむを得ない事由がある場合には、当該博士の学位を授与した大学又は独立行政法人大学改革支援・学位授与機構の承認を受けて、当該博士の学位の授与に係る論文の全文に代えてその内容を要約したものを公表することができる」ともしています。

やむを得ない事由がある場合とは、「学位規則の一部を改正する省令の施行等について」（平成25年3月11日文科高第937号文部科学省高等教育局長通知）において、以下

のとおり例示されています。

1 博士論文が、立体形状による表現を含む等の理由により、インターネット の利用により公表することができない内容を含む場合
2 博士論文が、著作権保護、個人情報保護等の理由により、博士の学位を授 与された日から1年を超えてインターネットの利用により公表することがで きない内容を含む場合
3 出版刊行、多重公表を禁止する学術ジャーナルへの掲載、特許の申請等と の関係で、インターネットの利用による博士論文の全文の公表により博士の 学位を授与された者にとって明らかな不利益が、博士の学位を授与された日 から1年を超えて生じる場合

　よって、特許や産学共同研究等の案件により、博士論文の全文を公表できない 特別な理由があると大学が承認すれば、全文に代えてその内容を要約したものの 公表で代替できます。ただし、やむを得ない事由がなくなった場合には、論文の 全文を速やかに公表する必要があります。
　大学の研究者や学生が企業との共同研究を行う際の秘密保持契約や特許申請、 それ以外でも著作権や個人情報の保護等、研究の遂行や論文執筆にあたっては、 これらの点にも十分留意しなくてはなりません。

Q72　　　　　　　　　　　　　　　　　　　　　　　　　　　　学位

授与した学位を取り消すことはできないのでしょうか。

　A　学位は取り消すことがないように、慎重に精査をして授与すべきもの です。ただし、一度は授与した学位であっても、不正な方法により学位 の授与を受けた事実が判明したときは、その学位を取り消すことができます。
　不正の可能性が発覚したときは、学外委員を含む調査委員会を設け、客観的に 検証しなければなりません。また、事実経過の公表も必要です。文部科学省の担

当者にも相談し、慎重に対応することが求められます。過去の博士の学位授与認定の取り消しとその理由について、ウェブサイトで公開する大学もあります。

Q73 証明書

改姓した卒業生から証明書の発行の願い出がありました。卒業生の新しい姓で証明書を発行することはできますか。

A 学生が卒業後に改姓した場合、多くの大学では改姓による学籍簿の修正を原則的には認めていません。そのため、大学は、卒業生から証明書の発行の願い出があった場合、卒業時の学籍簿に記載された氏名により証明書を発行します。改姓した卒業生が証明書を使用する場合、同一人物と証明するために本人自身が戸籍抄本等を添付して使用するように伝えることになります。

一方で、改姓に関する社会の考え方や制度も変化しています。2019年から、住民票、マイナンバーカード、運転免許証等に旧姓併記が認められるようになりました。社会の考え方や制度の変化に応じた柔軟な対応が大学にも期待されているのではないでしょうか。卒業後に改姓した場合、戸籍抄本等をもとに改姓後の氏名での証明書を発行することを公表している大学もあります。

Q74 証明書

入学後に改姓した学生から、旧姓のまま在学したいという申し出がありました。学籍上の氏名を旧姓で認めることは可能でしょうか。

A 当人の結婚や両親の離婚等によって学生が改姓しても、多くの大学では学生の氏名表記の取り扱いについて旧姓使用を認めています。

入学時の手続書類に戸籍抄本は含まれていないため、一般的に学生の氏名表記については、入学願書に記載された氏名を用いることを原則としています。入学後に保証人の離婚等により氏名が変更になった場合は、学生本人が学籍情報記載

の氏名として、戸籍簿記載の氏名（新姓）を使用するか、旧戸籍氏名（旧姓）を使用するのかを選択することとなります。

　旧姓使用をした場合、戸籍上の姓と同一であることの証明については、学生の自己責任となります。

Q75　　　　　　　　　　　　　　　　　　　　　　　　　　証明書

学籍上は通称名を使用している在日外国人の学生から、学位記には本名を記載してほしいという申し出がありました。学籍上の氏名と学位記記載の氏名に相違があっても問題はないですか。

　　A　　通常、学位記に記載する氏名は学籍情報に登録された氏名と同一としますが、学生から、学位記記載の氏名を通称名または本名（在留カードや特別永住者証明書に記載）としたい旨の届け出があった場合、これを認めることとなります。また、学生からの届け出があれば、学位記への通称名および本名の併記も認めることとなります。

　入学時に戸籍抄本の提出は求められていません。一般的に学生の氏名表記については、入学願書に記載された氏名を用いる学籍情報に従います。そのため、学籍情報の氏名が通称名であれば、学生の各種文書の氏名表記はすべて通称名となります。学位記に記載された本名と学籍情報の氏名が同一であることの証明については、学生の自己責任となります。

Q76　　　　　　　　　　　　　　　　　　　　　　　　　　証明書

休学中の学生に在学証明書を発行することはできますか。

　　A　　休学中は、在学証明書ではなく在籍証明書を発行します。在学証明書は、発行時点において在学していることを証明するものです。在籍証明書は、入学から在籍していた時点（在学中ならば発行時点）までの在籍期間を証

コラム	教員、学生から信頼されるには

　大学職員にとって、教員、学生からの信頼を得ることは大切なことです。業務遂行の必要条件といえるでしょう。教務部門の職員にとっては日常業務自体が常に教員、学生との関係の上に成り立っているため、特に留意する必要があります。では、信頼を得るにはどうしたらいいのでしょうか。

　今日の大学職員には、業務の高度化、すなわち専門性が求められています。また、教員と協働して業務運営を進めていくことが期待されています。これらの要請・期待は、今後ますます拡大し、それに伴って業務範囲も広がっていくことが予想されます。しかし、だからこそ、大学職員の原点が事務処理だということは重要です（既定のマニュアルに定められた事項をそのとおりに行う単純作業という意味ではありません）。大学職員が事務処理をしなければ、大学は立ち行きません。

　ご存知のとおり、事務処理においては正確性、迅速性が求められます。正確性と迅速性とを同時に満たすためには効率性の追求が必要となります。大学職員には、経営感覚、企画力、コミュニケーション能力等さまざまな能力が求められていますが、公的な文書の書き方を知っている、説得力のある資料を作成するため文書作成ソフトを使いこなせる、表計算ソフトを使って各種の帳票を作成するため簡単な関数が扱える、学内委員会に提出するためわかりやすいグラフが作成できる等の知識・スキルや、内容に間違いのない資料を作成しなければいけないという意識は事務処理の基本です。

　教務部門の職員は学籍・成績管理、時間割作成、証明書発行や修学相談等の業務を行いますが、その中で教員、学生とさまざまに関係します。大学職員の原点である事務処理について、正確、迅速を追求するとともに常に見直し高めていくことこそが、教員、学生からの信頼を得るための第一歩であると考えますが、いかがでしょうか。　　　　　　　　　　　　　　［上西浩司］

明するものです。休学中の期間は、大学に籍を置いているものの、授業を受けていないため在学期間に算入しません。そのため在学証明書よりも、籍があることを証明する在籍証明書を発行するのが適切でしょう。

Q77　　　　　　　　　　　　　　　　　　　　　証明書

休学中の学生に卒業見込証明書を発行することはできますか。

A　休学中の学生に対しては、まず休学前に在籍した期間と復学後の在籍予定の期間を合算して修業年限を満たしているかどうかを確認しましょう。さらに既修得単位と復学後に履修する単位を合わせると卒業要件を満たしているならば、学生の便宜を図る目的で卒業見込証明書を発行することが可能です。

　大学で発行する証明書の多くは確定した事実を外部に示すためのものです。しかし、卒業見込証明書のような見込みに関する証明書は、事実獲得の予定について可能性があることを示すもので、他の証明書とは性質が異なります。

　ただし、休学中の学生に対する卒業見込証明書の発行は、学生が復学し必要な単位の修得をすることを前提にしたものです。結果として学生が卒業要件を満たさない等の問題が生じた場合には、当然卒業は認められません。通常の卒業見込証明書の発行時と同様に、卒業の可能性を証明しているだけであり、卒業を保証しているわけではありません。

Q78　　　　　　　　　　　　　　　　　　　　　証明書

卒業証書や学位記の再交付の要望があったときはどのように対応すべきでしょうか。

A　卒業証書や学位記を安易に再交付することは適当ではありません。要望があった場合、卒業証書や学位記は再交付することができないと伝え

なければなりません。ただし必要により学位を授与された旨の証明書を発行します。

　大学は、文部科学大臣の定めるところにより、大学を卒業した者に対し学士の学位を、大学院の課程を修了した者に対し修士や博士の学位を授与します（学校教育法第104条）。

　学位記は学位授与の事実を証明する文書であり、学位授与の効果は学位記の交付によって発生すると考えられます。したがって、学位記は学位を授与した旨を本人に通知する通知書としての性格も併せもっているのです。単なる証明書とは区別して考えるべきでしょう。一度本人に交付することによって通知の目的を達した以上、学位記については、原則として同じものを再交付すべき性格のものではないと言えます。

Q79　証明書

学習歴証明のデジタル化とは何でしょうか。

　A　学習歴証明のデジタル化は、大学の卒業・成績証明書だけでなく、大学の内外で実施されるさまざまな職業教育や生涯教育の成果もデジタル上でまとめて証明できるようにすることです。就職や留学、社会人のキャリアアップ等に活用しやすくすることが期待されています。

　たとえば、留学生を受け入れる場面で考えてみましょう。紙の証明書を取り寄せる方法では、提出する側の留学生の負担だけでなく、受け入れる大学側も提出された証明書が原本であるかを確認する必要が生じます。デジタル化はこの負担を軽減します。また、一般企業等における従業員の学び直しについても、デジタル証明書であれば、人事システムと連動して管理することも可能です。

　紙で発行している証明書を電子文書化だけであれば大学単独で実施が可能ですが、デジタル上で一元管理する場合は、学外で提供されているプラットフォームに参加するとよいでしょう。さまざまなプラットフォームに対応可能な汎用性の高いデジタル証明の技術も開発されています。学習歴証明のデジタル化を取り巻

く環境は年々変化しています。

大学においてユニバーサルデザインはどのように活用することができるでしょうか。

　A　留学生や障害のある学生を目の前にすると、大学として何らかの特別な支援ができないかを考えることはありませんか。個別の支援方法を先に考えるのではなく、すべての学生に障壁の少ない方法がないかを検討することから始めるも1つの方法です。これはユニバーサルデザインの考え方と言えます。

　ユニバーサルデザインは、「調整又は特別な設計を必要とすることなく、最大限可能な範囲で全ての人が使用することのできる製品、環境、計画及びサービスの設計」と障害者の権利に関する条約において定義されています。学生への対応や教育環境の整備においても、特別の配慮なしで多くの人が利用可能であるような設計にすることを第一に考えます。この考え方は、教育をより包括的な活動にすることを目指すインクルーシブ教育の理念とも合致するものです。

　多くの場面で、ユニバーサルデザインの考え方は活用できます。書類等の文字を大きく読みやすいフォントにすると、視力が弱い学生だけでなく、すべての学生が読みやすくなるでしょう。通路に置くものを最小限にとどめ、広いスペースを確保すると、多くの学生が安全に行き来することができます。また、学生に説明するときに、「記入」でなく「書く」といった「やさしい日本語」を活用すると、より多くの学生が理解しやすくなるでしょう。ガイダンスにおいて、内容を字幕付きの動画として配信するといった方法も、ユニバーサルデザインの考え方と言えます。

　このように考えると、障壁を作っているのは大学である場合も少なくないのかもしれません。学内での対話を重ねることで、よりよい対応を目指していくことが大切でしょう。

学生を他部署やカウンセラーにつなぐ場合にどのようなことに配慮すべきでしょうか。

A 　学生の窓口対応等において、自分や自分の所属する部署では対応できない場面もあります。自分にできることには限界があると自覚する姿勢も重要です。

　たとえば、カウンセラーによる対応が必要であるにもかかわらず仲介しないでいると、学生を深刻な事態に追い込むことになるかもしれません。そうした場合にそなえて、まずは、学内外の学生の支援にかかわる部署や関係者を把握しておきましょう。その上で、紹介先の担当者に学生の情報を伝えるためにもしっかりと学生の話を聞きましょう。また、学生を他部署や関係者につなぐ際には注意が必要です。学生が見放されたと感じないように適切に仲介しましょう。自分の所属する部署では適切な対応ができないため、別の部署や関係者の協力を得なければならないことをしっかり伝えます。

　カウンセラー等が関わることによって問題が大きくなったと感じて困惑する学生もいるかもしれません。そのような場合にも、カウンセラーへの相談はよくあることであり、個人情報も守られることを説明します。特別な事例ではないことを伝え、心理的障壁を軽減してあげましょう。また、学生の状況についてどこまでカウンセラーと共有してよいかを確認しておくことも重要です。このような適切に仲介する能力を、リフェラルスキル（referral skill）と呼ぶことがあります。

合理的配慮はどのように実施したらよいでしょうか。

A 合理的配慮とは、障害のある学生から何らかの対応を求める意思が伝えられたときに、過度な負担になり過ぎない範囲で対応するための便宜です。

大学における教育や学生支援において公平性は重要な指針です。しかし、公平であることは簡単ではありません。すべての学生に対して同じ条件で一律に教育や学生支援を行うことが、必ずしも公平であるとは限らないからです。

多くの大学が入学試験において活用する大学入学共通テストでは、受験者の申請に基づいて、さまざまな配慮がされています。試験時間の延長、拡大文字問題冊子の配付、拡大鏡の使用の許可、別室受験等です。このような配慮された方法で入学した学生は、大学における学習においても同様の配慮を期待するかもしれません。また、現在では「障害を理由とする差別の解消の推進に関する法律」（令和3年法律第56号）いわゆる「障害者差別解消法」により、すべての大学は合理的配慮の実施が義務づけられています。

合理的配慮を実施する場合は、まずは所属大学の方針や支援体制を確認しておきましょう。合理的配慮の検討は、原則として学生からの申し出によって始まります。ただし、配慮が必要であるにもかかわらず、申し出がうまくできない学生もいます。その場合には、本人の意向を確認し、申し出ができるように支援する必要があるでしょう。そして、学生との面談を通して可能な範囲での配慮内容を決定することになります。

合理的配慮の具体例としては、使用教室の配慮、座席位置の配慮、途中入退室の許可、録音機器の使用許可、板書の撮影許可、動画の字幕入れ、教材の拡大、授業中のパソコンの使用許可、ノートテイク、パソコンテイク、試験時における別室受験の許可、試験時間の延長、別室受験、提出期限の延長等があります。

発達障害のある学生に対してどのような支援ができるのでしょうか。

 A 発達障害とは、「なんらかの要因による中枢神経系の障害のため、生まれつき認知やコミュニケーション、社会性、学習、注意力等の能力に偏りや問題を生じ、現実生活に困難をきたす障害」を指します（日本学生支援機構、2015）。2004年に成立した発達障害者支援法第8条第2項では発達障害のある学生に対する大学による支援の必要性が明記されました。

 発達障害は、障害と健常の境界が明確でないこと、どこまでが障害でどこからが本人の個性や能力の問題であるのかの区別がつきにくいこと、同じ発達障害でもその問題の表れ方は一人ひとり違うこと、障害があるかどうかが周囲あるいは学生本人にさえ自覚しづらいこと等が特徴として挙げられます（日本学生支援機構、2015）。そのため、発達障害のある学生にどこまでどのような支援を行えばよいかは、個々の学生との面談を通して検討していく必要があります。

 入学前に発達障害と診断され、障害が認知されている場合は、その情報や学生との面談を踏まえ、可能な範囲での配慮内容を決定することになります。一方で、自他ともに発達障害とは認識せずに入学する学生も少なくありません。発達障害のある学生は、履修、授業、実習、サークル等で状況にあった適切な行動がとれず、不登校や休学にもつながりやすいことを念頭に置いておきましょう。学生から自主的な申し出はなくとも、周囲から見て心配な状況がある場合、教職員からの声かけや学生相談の利用を促す等の対応が求められます。

Q84

留学生と外国人学生の違いは何でしょうか。

A 留学生とは、日本における在留資格「留学」を有する学生と定義されます。なお、2010年7月1日施行の改正出入国管理及び難民認定法により、在留資格「留学」と在留資格「就学」が「留学」に一本化されました。

これに対し、外国人学生は、留学生に加え、留学以外の在留資格で滞在している外国籍の学生を含めます。表で示すような家族滞在や特別永住者の場合が留学生ではない外国人学生の例となるでしょう。

表　留学以外の在留資格で滞在している外国籍の学生

在留資格	該当例	在留期間
研修	研修生	1年、6月又は3月
家族滞在	在留外国人が扶養する配偶者・子	法務大臣が個々に指定する期間（5年を超えない範囲）
永住者	法務大臣からの永住の許可を受けた者（入管特例法の「特別永住者」を除く。）	無期限
日本人の配偶者	日本人の配偶者・子・特別養子	5年、3年、1年又は6月
永住者の配偶者	永住者・特別永住者の配偶者及び本邦で出生し引き続き在留している子	5年、3年、1年又は6月
定住者	第三国定住難民、日系3世、中国残留邦人等	5年、3年、1年又は6月又は法務大臣が個々に指定する期間（5年を超えない範囲）

出所：出入国在留管理庁ウェブサイトにある「在留資格一覧表」より関連する箇所のみ抜粋して作成

Q85

留学生数の公表では非正規学生を含めている場合が多いようですが、正規の日本人学生との比率に矛盾を生じないでしょうか。

A 　　留学生数を算出、公表する際は、日本学生支援機構の「外国人留学生在籍状況調査」に依拠することが一般的です。この調査での留学生とは、留学の在留資格（出入国管理及び難民認定法）で大学等において教育を受ける外国人学生のことです。学位取得を目的としない、概ね1学年以内の教育を受けて単位を修得又は研究指導を受ける短期留学生も対象となります。つまり、ここでの留学生数には科目等履修生、聴講生、研究生等の非正規学生が含まれているのです。一方、大学の学生数は、非正規学生を通常では含んでいません。

　留学生の割合の算出方法に関して、統一された公式のルールはありません。大学によっては正規の学生数を分母に、非正規を含むすべての留学生数を分子にして留学生の割合を出しています。よって、厳密な意味では正確性を欠くと言えるかもしれません。しかし、このようにして算出された留学生の割合は、大学の国際化の大まかな指標になります。留学生の割合だけでなく、外国人学生の割合に関しても同様のことが言えます。

　また、日本学生支援機構は、「外国人留学生年間受入れ状況調査」も実施しています。これは、5月1日現在の外国人留学生の在籍状況を調査する「外国人留学生在籍状況調査」とは異なり、4月1日から翌年3月31日までの年度中に在籍していた外国人留学生総数を把握するための調査です。どの調査の数値を用いるかによって、留学生数やその割合は異なります。

Q86

外国の大学に在学中の者が日本の大学に転入学することはできますか。

A 転入学は、同種の学校への途中年次への入学を指します。日本の学校教育法の制度に基づく大学間の学生（現に学生の身分のある者）の異動であり、学内の規則等のもとで実施されています。

外国の大学に在学中の者の場合は、当該大学が日本の学校教育法の制度に基づくものではないので、日本の大学間の転入学と同様に扱うことはできません。しかし、外国の大学であっても、当該国の学校教育制度上において、正規の大学として位置づけられており、かつ教育目的や教育内容について日本の大学と同等以上のものである大学であれば、日本の大学間の転入学に準じて、途中年次への入学を認めても差し支えないと考えることができます。たとえば、「日本国とフランス共和国の高等教育機関における履修継続のための履修、学位及び単位の相互認証に関する協定」を適用している国立大学協会等の団体に所属している大学では、この協定を根拠に途中年次への入学を認めることが可能です。

なお、その場合は、当該国の大学で修得した単位をどこまで修得済の単位として認定するかについて、入学を予定している日本の大学の当該カリキュラムに照らして決定することとなります。

Q87

留学生が留年や休学をする場合にはどのような不都合が生じますか。

A 留学生が留年する場合、何らかの正当な理由がない限り、学業成績不良者と見なされてしまうため、学費免除申請や奨学金申請が難しくなります。これらの支援制度は、一般的には学業優秀者および生活が困難な者を対象

コラム	サービスの公平性

　教務における学生対応に関わって、「サービスの公平性の観点から」という文言を耳にしたことがあるかと思います。多くの場合、その帰結は「一律であること」、すなわち「同じ内容、同じ水準のサービスを提供しなければならない」というものです。ただし、そこから学生が享受するものやその結果は、学生ごとに大きく異なるでしょう。学生が自分と他の学生とを比較したとき、そこに「公平性」は感じられない、かもしれません。何が正しい行為なのか、迷った経験をもつ職員も多いのではないでしょうか。

　古代ギリシャの時代より、公正や平等、正義についてはさまざまな思索がなされてきました。平等は正義の下位概念として位置付けられ、基本的にはいろいろな価値が平等に分配されていることが「正義」とされます。その中で、選挙権のように機会の均等性を担保するのか（均等原理）、それとも社会福祉のように結果の平等性を求めるのか（必要原理）といったところで、さまざまな違いが出てきます。

　どのような人々に、どのような社会資源を、どのような原理で配分するのが適切かという問題は、分配的公正と呼ばれます。2010 年に話題になったＮＨＫ番組「ハーバード白熱教室」では、最も恵まれない人々の益をあげようとするとき必要な限りでのみ社会的・経済的不平等が許されるとするロールズの正義論が取り上げられていました。この考え方に立てば、より充実したサービスを最も困っている学生に提供し、学習にかかわる格差を埋めることこそが正義だということになります。

　一方、適切な配分方法をどのように決定するかは手続的公正の問題です。ハーバーマスの討議的正義論は、関係者が対話によって合意したことがらに正義の根拠を置くもので、現代の市民社会の礎ともなっている考え方です。教務においても、窓口の内側だけの暗黙の了解事項におわらせることなく、学生や教員を巻き込んだ議論をはじめる時代がきているように思います。

[齋藤芳子]

としているためです。これまで受けていた奨学金が停止されたり、在留期間の更新が認められないこともあります。

　さらに、休学となると、留学の在留資格が認められないため、日本に在留すること自体が難しくなります。アルバイトをすることもできません。いったん在留資格を失ってしまうと、在留期間の更新手続きもできなくなります。

　留学生は、出入国管理及び難民認定法の別表第一により「留学」という在留資格をもって、日本に在留しています。この在留資格に関わる活動を3ヶ月以上行わないと、その在留資格は取り消されてしまい、場合によっては、退去強制手続きが取られます。正当な理由であれば、在留が認められるかもしれませんが、経済的理由は、正当な理由にはなりません。日本で学びながら生活するための経済力があるかどうかは、留学の在留資格を得るとき、すでに審査されているからです。

　これらのことを正しく理解していない留学生もいます。実際に留年や休学をすることになってから説明するのではなく、入学時のオリエンテーション等で予め説明したり、授業出席や単位修得の状況を把握し適切に対応したりすることが望ましいでしょう。

Q88 留学生

留学生がアルバイトする際にどのような制約がありますか。

　A　留学生は、出入国管理及び難民認定法の規定により、「留学」という在留資格をもって日本に在留しています。留学生の活動は、教育を受けることに限定され、それ以外の活動で報酬を得る場合には、出入国在留管理庁から資格外活動許可を受けなくてはなりません。

　もし留学生が資格外活動許可を受けずにアルバイトをした場合、不法就労となります。留学生は、資格外活動許可を受けることにより、アルバイト等の活動が許可されるのです（出入国管理及び難民認定法施行規則第19条第5項第1号）。資格外活動が許可された場合でも、勤務時間や勤務先等には制約があります。勤務時間数に関

しては、1週間に28時間以内、長期休暇中は1日8時間以内と定められています。勤務先についても、風俗関連業のような不適切な場所は認められません。休学中の場合は、「留学」の在留資格が認められないため、アルバイトをするどころか在留資格を失う可能性があります。

　一方、在籍する大学との契約に基づいて報酬を得る教育、または研究を補助する活動については「資格外活動許可」は必要ありません。そのため、大学内でTAやチューター等の活動をする際には「資格外活動許可」を受けることなく行うことができます。

　留学生にとって、大学における学業が最も重要であることは言うまでもありません。アルバイトのために、学業や研究活動に支障をきたすならば本末転倒です。一方、留学生にとってアルバイトをすることは、日本の社会について理解を深めるよい機会になるという側面もあります。しかし、留学生は、在留資格の取得時に、留学中の経費を支払う能力があることを確認されています。つまり、経済的にアルバイトをする必要はないと見なされていることは理解しておきましょう。

Q89　社会人学生

社会人の学び直しのために提供するプログラムには、正規の学生として入学する以外にどのような方法がありますか。

A　社会人向けに教育プログラムを提供する方法としては、正規の学生として入学する以外に主に以下の3つがあります。

・科目等履修生として特定の授業科目を履修する
・学校教育法に基づく履修証明プログラムで一定のまとまりのある学習をする
・公開講座で興味のあるテーマを学習する

　時間に制約のある社会人にとって、平日の日中に対面授業だけのプログラムで学び直しをすることは困難でした。しかし、オンラインやオンデマンド型の教育手法の普及により、既存の授業科目も社会人の学び直しに活用できるようになり

ました。また、履修証明プログラムも制度創設当時は 120 時間の授業実施が必要でしたが、現在は 60 時間に短縮され、条件を満たせば単位認定も可能になりました。厚生労働省が所管の教育訓練給付制度の対象プログラムとして認定することで、費用負担の障壁を軽減する方法もある等、社会人向けのプログラムの制度は変化しているので確認が必要でしょう。

　社会人の学び直しの目的は、卒業や学位だけではありません。能力を開発したい、最新の知識を身につけたい、昇進や転職したい等さまざまです。社会人が求める内容にどのように対応するかを関係者で議論し、それに適した教育プログラムを検討することが求められます。

Q90　　　　　　　　　　　　　　　　　　　　　　　　　社会人学生

社会人学生が学び直しの成果をキャリアアップに活用する方法としてどのようなものがありますか。

A　　学位の取得そのものが必ずしもキャリアアップにつながる職種や企業ばかりではありません。そうではない場合も「何が身についたのか・できるようになったのか」を客観的に証明できると、大学での学び直しをキャリアアップに活かせるでしょう。たとえば、ディプロマ・サプリメントを勤務先の人事部門に提出すれば、希望するキャリアに必要な能力を身につけたことを説明することもできるでしょう。

　紙の証明書は企業等の人事部門にとって保管に手間がかかることから、大学での学び直しがキャリアアップに活用されないという課題もあります。デジタル証明書やデジタルバッジを導入することにより、大学での学び直しが人事システムに活用しやすくなるでしょう。

社会人学生が学びやすい環境整備としてどのような方法がありますか。

　　　　　　日中は仕事をしている社会人向けに大学が提供するプログラムは、一
　A　　般的に夜間や休日の時間帯に開講されています。しかし、仕事や家庭の
事情で急に授業を休まなければならない事態があるため、それだけでは学びやす
い環境とは言えません。

　社会人が求める学びの環境として、3つの方法が考えられます。

1）時間や場所を自分の都合で選択できる環境

　　インターネット等の活用が必要となります。なお、大学院は多様なメディア
の活用に単位数の制限はないため、通学制であっても、ディプロマ・ポリシー
やカリキュラム・ポリシー等に照らし教育効果があると大学が判断する場合は、
全授業を多様なメディアで実施することも制度上は可能です。

　　また、LMS（学習管理システム）を導入すればオンライン上でやりとりで
きる環境を提供でき、図書を郵送貸出することにより、時間や場所の制約も緩
和できるでしょう。

2）在籍する期間を柔軟に変えることができる環境

　　長期履修制度を導入すれば学費総額はそのままで在籍する期間を延長できま
す。この制度の申請時期は大学により様々です。たとえば、人事異動で忙しく
なる時期は入学時に予想できません。そのようなやむを得ない事情に限り在籍
中に長期履修制度を選択できる制度を設けることも考えられます。

3）卒業後も継続して学びのできる環境

　　社会人が大学で学び直しを求める目的として「仕事に活かしたい」や「仕事
に役立つ人脈を形成したい」というものがあります。卒業後も指導教員やゼミ
との関係が継続できるような卒業生組織の形成や、オンデマンド講座ならば卒
業後も聴講可能、といった対応が考えられます。

社会人学生の経済的負担を軽減するにはどのような方法がありますか。

A 社会人学生が大学で学び直しをする際の障壁として、多くの人が経済的な負担を挙げます。経済的な負担を軽減する方法としては、大学が奨学金を用意する方法が一般的ですが、社会人学生の場合で広く活用できる方法として、厚生労働省所管の教育訓練給付制度があります。

　大学が教育訓練給付制度を活用するためには、まず教育訓練給付の講座指定を受ける必要があります。大学が指定の対象となる制度は主に次の3つがあります。

・専門実践教育訓練
　専門職大学院や職業実践力育成プログラムが対象
　受講費用の50％（年間上限40万円）が訓練受講中6か月ごとに支給
　資格取得等をし、かつ訓練修了後1年以内に雇用保険の被保険者として雇用された場合は、受講費用の20％（年間上限16万円）が追加で支給
・特定一般教育訓練給付金
　職業実践力育成プログラム（訓練時間が60時間以上120時間未満）が対象
　受講費用の40％（上限20万円）が修了後に支給
・一般教育訓練
　一般的な大学院が対象
　受講費用の20％（上限10万円）が修了後に支給

　それぞれの訓練の指定を受けるためには、プログラムの内容に関する条件に対応する必要があります。申請できる期間が年間で予め定められているため、学生募集の時期に適用が間に合わないかもしれません。関係する教職員と条件をよく確認をして、指定を受けるか否かを検討することが必要でしょう。

Q93
社会人学生

最終学歴が高等学校の社会人を大学院に受け入れることができますか。

A 芸能界やスポーツ界で活躍した有名人が最終学歴が高等学校のまま、大学院に入学するニュースを耳にしたことはありませんか。大学院の入学資格は文部科学省のウェブサイトに公表されており、最終学歴が高等学校の社会人の場合では、次のとおり入学資格の有無を判断することになります。

・大学改革支援・学位授与機構により学士の学位を授与された者（学校教育法施行規則第 155 条第 1 項第 1 号）
・大学院において個別の入学資格審査により認めた 22 歳以上の者（学校教育法施行規則第 155 条第 1 項第 8 号）

個別の入学資格審査をする方法としては、企業等での実務経験やそれまでの学習経験と小論文等により、大学を卒業した者と同等以上の能力があることを確認するという方法が考えられます。

Q94
教員

基幹教員制度とは何ですか。

A 2022 年の大学設置基準で基幹教員制度が導入されました。基幹教員の定義は、次の①と②を満たす教員のことです。

①教育課程の編成その他の学部の運営について責任を担う教員
②当該学部の教育課程における主要授業科目を担当する教員（専ら当該大学の教

育研究に従事する者に限る。）又は当該学部の教育課程における年間 8 単位以上の授業科目を担当する教員

　これまでの専任教員については「教員は、一の大学に限り、専任教員となるものとする」という雇用の条件がありましたが、基幹教員は雇用以外の条件でも認定することが可能となりました。なお、①の教育課程の編成その他の学部の運営について責任を担うとは、教授会や教務委員会等の学部の教育課程の編成等について審議を行う会議に参画することが想定されています。また、②の専ら当該大学の教育研究に従事するとは、月額報酬 20 万円以上で 1 つの大学でフルタイム雇用されている状態が想定されています。「一の大学に限り」とする規定が見直されたことにより、大学設置基準が定める必要最低教員数の 4 分の 1 以内までは、民間企業からの実務家教員の登用や複数大学等でのクロスアポイントメント等教員を採用できるようになりました。これにより、大学教員が十分に養成されていない分野における学位プログラムも新設がしやすくなっています。
　大学設置基準において、主要授業科目については原則として基幹教員が、主要授業科目以外の授業科目についてもなるべく基幹教員が担当するよう大学に求めています（第 8 条第 1 項）、基幹教員制度は教育プログラムの設計に密接に関係しているのです。そのため、2022 年の改正大学設置基準施行通知では、基幹教員の主要授業科目の担当有無や単位数といった、基幹教員の担当授業科目に関する情報の公開を求めています。
　なお、この 2022 年の通知時点で設置されている大学は、基幹教員制度を導入するか否かを選択することが可能とされています。ただし、大学の設置等の認可の申請又は届出をする場合はこの限りではありません。

Q95

教員

助教と助手にはどのような違いがありますか。

A 助教とは、学生に対する教授、研究指導または自らの研究に従事する教員のことであり、2007年4月の学校教育法の改正により導入された職階です。

　以前の学校教育法における助手は教授の下請け人になりがちとの指摘がしばしばなされていました。そこで、旧来の助手の中から、教育・研究を主たる職務とする者を助教として選り分け、教授から独立した職位として位置づけるという、学校教育法の一部改正が行われました。これは、助教の教育・研究面での主体的な役割を明確にし、その能力を発揮することを目的としたものです。学校教育法の改正に伴い、旧来の助手は、将来の教授候補の研究者として位置づけられる助教と、研究の補助として教授および准教授の職務を助ける助手とに分かれることになりました。

　なお、助教の創設と同時に准教授という職種も新設されました。旧来の助教授に相当する職種です。助教授は、教授の職務を助けるとされていましたが、准教授は、専攻分野について、教育上、研究上又は実務上の優れた知識、能力及び実績を有する者とされています。さらに准教授は、学生を教授し、その研究を指導し、又は研究に従事する者ともされ、教授の支援的性格の規定が削除されました。これは、教授を頂点に、助教授、助手等が1つのグループとなる講座制の閉鎖性が問題視されたことにも起因しています。学校教育法の改正と同時に実施された大学設置基準の改正で、講座制に関する規定も削除されました。

Q96

サバティカル制度とはどういうものですか。また、サバティカルを取得した教員は、教育活動や入試関係委員等を引き受けることはできませんか。

A　　サバティカル制度とは、一定期間ごとに研究のための長期休暇を大学教員に与える制度です。大学によっては、サバティカル研修と称し、休暇ではなく研究のための研修と位置づけています。サバティカル期間の教員は、教育や管理運営に関わる職務が免除されます。

　サバティカルという用語は、旧約聖書等で、7年目ごとに休耕し大地を休ませる安息の年をサバティカルイヤーと呼ぶことに由来しています。一定期間務めた教員に対して研究に専念する期間を与え、能力向上をはかるという意義があります。2005年に文部科学省による在外研究員派遣制度が廃止されたことに伴い、サバティカル制度は日本の大学でも積極的に導入されるようになりました。

　サバティカル制度に関する運用上の規定は、大学ごとに決定しています。サバティカル期間中の教員の教育活動に関しては規定を設けていない大学もありますし、非常勤講師の手当を受け、授業を受け持つことができる大学もあります。大学の管理運営に関わる職務についても、基本的には免除されますが、部局長等が認めた場合には従事することができると定めている大学もあります。管理運営に関わる職務に従事する場合であっても、研究に専念する期間であることを踏まえ、研究に支障のない範囲にとどめなければなりません。

　サバティカル期間中にその教員でなければ担当できないという業務もあるでしょう。また海外に留学していたとしても、インターネット等を活用して学生に対し研究指導を行っている教員もいます。大学の規定で禁止されていない限り、サバティカルの期間の教員が教育活動や入試関係委員等を引き受けることは可能と言えるでしょう。

　ただし、サバティカル制度の本来の趣旨を踏まえた上で、申請時に制度を利用する教員と部局長等との間で教育や管理運営に関わる職務に関してはしっかりと確認しておくべきです。

大学院の教員審査に関して、㊒（マル合）や合とは何ですか。

A 大学の教員採用に際しては、教育職員免許状を求めることはありません。通常、各大学において教育・研究能力についての資格審査が行われています。特に大学院担当教員には、授業とは別に研究指導を行う能力が求められます。

大学院設置基準第9条には、研究指導を行う資格を有する教員について規定がありますが、この大学院の教員に適格かどうかを大学院設置審査要項において表す記号が、㊒や合という文字です。

大学設置審査の準則化に伴い、同要項は2003年に廃止されましたが、一部の大学では大学の内規等で、現在もこれらの記号が規定され使用されています。これらの記号の意味は次の通りです。

D㊒　博士課程の研究指導及び講義担当適格者
D合　博士課程の研究指導補助及び講義（及び実験）担当適格者
M㊒　修士課程の研究指導及び講義担当適格者
M合　修士課程の研究指導補助及び講義（及び実険）担当適格者

なお、講義のみ担当することができる教員は可（D可、M可）となります。これらは、大学院設置審査の際に主に用いられるものですが、設置後も学内規則等に基づき独自に㊒や合の判定をしている大学院があります。

ファカルティ・ディベロップメントに職員はどのように関わればよいでしょうか。

A 大学設置基準第11条では、「大学は、学生に対する教育の充実を図るため、当該大学の授業の内容及び方法の改善を図るための組織的な研修及び研究を実施するものとする」としています。文中にファカルティ・ディベロップメント（FD）という用語は使用されていませんが、一般的にFDの定義とされています。

条文に示されているように、ファカルティ・ディベロップメントの実施の主体は大学という機関にあります。この点から考えると、職員にも責任の一端があると言えるでしょう。

職員の関わり方にはさまざまな形があります。各種FD活動の会場を設営したり資料を用意したりするだけではありません。大学設置基準に示されているFDの定義、教育改革に関わる法令、政策動向、他大学の動向等の情報を必要に応じてFDに関わる教員に提供できるようにしておきましょう。

また、教務担当職員の業務はカリキュラム運営や学習環境整備にも関わりがあります。カリキュラムが適切に運営されているか、どのような学習環境で授業が行われているかを確認し、教育環境の改善に貢献することが求められます。そのためには、学生から教務部門に寄せられる声や学生アンケート等を通して、学生の現状や大学への期待を日頃から知るようにしましょう。また、学内外の法規やルール等をまとめて新任教員用のハンドブックを作成することも重要な貢献の1つです。

コラム	「元気になるFD＆SD」その後

　私が最初に教務課に配属になった頃、教務委員を務める教員と教務課職員で毎夏合宿し、教務委員が情熱的に各学部カリキュラムの問題点や学生の実情を報告し、職員も業務の内外で感じている問題点を率直に指摘し熱い議論を交わしつつ夜は懇親を深めたことが、私自身の教務系職員像を形成することになりました。職員が教学の討議に深く関与し、データ・資料等の提示を通して学部運営・カリキュラム運営に資するところに、教務系職員としての仕事のおもしろさ、やり甲斐を感じるものがありました。2012年の本書の初版において私が執筆したコラム「元気になるFD & SD」は、その当時の教務現場の雰囲気を伝えるものでした。

　近年の一連の「大学諸改革」政策は、「『大学性悪説』やエセ演繹的思考を前提としている」（苅谷 2020）がゆえに、職場を疲弊させていると見ることができます。しかし、それでも展望を創り出すのは、他の誰でもない現場の教職員の営為からしかありません。問題の所在がどこにあるかを、本音で語りあう場をつくるところから着手するしかないでしょう。多忙化の要因の一つには、大学における科目数の多さが挙げられます。

　授業科目の削減について、Q 29でも取り上げています。教務系職員の多くがこの課題に取り組むハードルの高さを経験しています。科目削減は「自分の担当科目がなくなる」「教員の解雇につながる」といったネガティブな提起に捉えられがちです。しかしこの問題をより広く「大学観」として捉えるとき、その障壁の根底に「知識網羅主義」など、広く浅く知識を教え込むべきだという思想に着眼する必要があります。他方、世界的標準ともいえる履修科目数は一学期に4〜6科目であり、そこには週に何度も教員と学生とが出会い、なんらかのテーマに共に取り組み、事実に対する議論等により自己の考え方を展開し省察する能力形成を目指す深く少ない授業こそが大学の本質である、という考え方が背景にあると言えます。こうした幅広い視点も入れ、かつ「合宿」のような同僚性確保の企画も加味しつつ、各大学・学部の実情に即し改善を積み重ねる現場討議により、少しでも「元気になるFD & SD」に向かうことを願うものです。　　　　　　　　　　　　　　［水谷早人］

教育関係の公募型プロジェクトに申請するにあたって、職員はどのような面で関わればよいでしょうか。

A　大学改革の一環として、大学側から提案した教育に関するプロジェクトのうち、優れた案に補助金を配分するというプログラムが実施されています。目的もさまざまで、特定の教育課題についてすぐれた実践事例を創出して全国に普及させようとするものや、特定領域の人材の育成プログラムを構築するもの等があります。

　職員として、そうしたプログラムにどのように関われるのか、実例を紹介しましょう。まずは公募内容を整理して関係者に伝えることです。個々の公募についてだけではなく、過去の採択例や類似の公募の情報等もまとめれば、応募するか否かの判断が容易になります。また、所属大学の教育内容・方法の特色を明確にした資料をまとめ、公募型プロジェクトに申請できる可能性の選択肢を提示することも、職員に期待される役割と言えます。

　実際に応募書類を作る段階では、大学設置基準等の法令や学内の規則等との整合を図ったり、資金計画の妥当性を確認したりすることが多いようです。また、部局間の調整が必要となります。その場合、教育担当の責任者等の指示や助言を受けて実際に調整役を務めることもありますし、内々に他部局の状況を知らせる等して調整の下支えをすることもあります。

　大学からの応募件数が限られていたり、採択予定件数から考えて応募数が多すぎたりする場合には、学内選考を企画運営しなければなりません。採択の可能性を上げるために、過去に採択されたプロジェクトの関係者を集めて応募書類の査読や模擬面接を実施してもよいでしょう。

　このほかに、職員としての経験に基づいた意見や感想も役に立ちます。プロジェクトが採択されたならばその実施をどのように支援できるか、不都合や不利益は生じないか、いつも顔を合わせている学生たちはこのプロジェクトをどう受け止めるだろうかといったことを想像し、意見や感想を述べることが応募書類の質の向上につながるのです。

企業等の学外機関と連携して授業科目を実施する場合、教務にはどのような対応が求められますか。

A　教育手法の多様化により、地域課題をテーマに学外施設で地域住民とグループワークを実施したり、企業とコラボレーションして商品開発したりすること等を正課教育に組み入れる例が増えています。

学外機関と連携した授業を行う場合、教育の中身については授業担当教員と連携先の間で調整します。学外機関との連携によって生まれるリスクについては授業担当教員と担当職員が連携して対応することが必要です。たとえば、以下のような内容は担当職員の対応が期待されるでしょう。

・費用負担をどうするか
・事件や事故が発生したときの責任の所在はどこか
・万が一のために保険に加入すべきか
・守秘義務をどのように担保するか
・知的財産等の扱いはどうするか

教務のデータをどのように教育改善に役立てることができるでしょうか。

A　教務の業務内容には、学生の履修や成績といった多くの学生の情報も集約されていきます。それらのデータを分析することで、学生の学習状態を把握し、カリキュラム全体で学生がどのように学んでいるかを理解できるでしょう。

最も学生の学習状況がわかるのは履修と成績のデータです。それらのデータは、

個々の学生の修学指導において重要なだけでなく、カリキュラムの評価にも有効です。

　教務のデータを教育改善に役立てる事例は見られます。たとえば外部の英語検定試験をキャリア形成支援の一環として行い、その結果を結果把握している場合は、英語系統の科目の履修や成績との関係を見ることで大学での学習効果を分析することができます。

　ある大学が、帰国子女の入学試験の結果と国語力・英語力等の分析を行い、その入学試験での英語と国語の試験結果とは正の相関関係があることがわかりました。一方 TOEFL のスコアとの相関関係がみられなかったことから、試験内容を見直す取り組みが行われました。

　このように、さまざまなデータを収集・分析して大学の教育活動の改善や学外に対する説明責任を果たすために活用していくことはＩＲと呼ばれます。データを利用することで正しく現状を把握し適切な判断できます。また、データによって説得力が増し、組織での合意も得やすくなるでしょう。教務系職員であれば教務のデータを活用して、会議等で課題の提示や教育改善の提案につなげられるようになるとよいでしょう。

Q102

卒業時の学習成果を評価するにはどのような方法がありますか。

A　　学習成果を測定する際に、直接評価と間接評価という分類があります。筆記テストやレポート等の直接評価は学習者が何ができるのかを測定します。一方、学生に対するアンケート調査等の間接評価は、学習者本人が「何ができると考えているか」を測定するものです。

　2020 年の「教学マネジメント指針」では、卒業時の学習成果の測定において直接評価を導入することが提言されています。卒業時の直接評価では単なる授業科目の成績の集積ではなく、ディプロマ・ポリシーに対応した学習成果の達成を直接に測定する評価を求めています。例示されている卒業時の直接評価の方法と

しては、卒業論文や卒業研究のルーブリックによる評価、アセスメントテストの結果の活用、語学力検定等の学外試験のスコアの活用、資格取得や表彰歴の状況の把握等があります。

　間接評価としては、卒業時の学生に対するアンケートが代表的な方法です。多くの大学が学生によるアンケート調査を実施しているのは、学生が在学時にとった学習活動について、どのように考え、どのような行動をとったのかといった情報がカリキュラムの評価と改善に役立つからです。アンケート調査を記名式にすることで、直接評価で得られた結果や成績情報等と組み合わせて分析することもできるでしょう。

Q103

オンラインでの学生に対するアンケート調査への回答率を高めるにはどのような工夫がありますか。

A　オンラインでのアンケートは、紙でのアンケートと比較すると、印刷や配付の手間がかからず、集計作業が容易になるという利点がありますが、学生の回答率が低下するという課題があります。そのため、学生の回答率を高める工夫が必要となります。

　まずは、アンケートの趣旨を最初に伝えましょう。アンケートの回答の意義を学生に理解してもらえるように文章を工夫します。アンケートの結果が実際に利用されているという事実を学生に示すことも有効です。

　回答に要する時間を短くしましょう。大量の質問が並んでいては、回答に対する意欲が低下してしまいます。アンケートの項目を必要最小限にして、記述式ではなく複数の選択肢の中から選ぶ形式にするとよいでしょう。回答に要する時間の目安もあらかじめ伝えておきます。

　アンケートの回答に対して一定の強制力をもたせるという方法もあります。たとえば、アンケートに回答しなければ履修登録ができなかったり、試験が受けられなかったりといった条件を加えると回答率は高くなるでしょう。また、大学によっては、回答した学生や、その一部の学生に対して抽選によって図書券等の謝

礼を提供しています。

　教務システム等を通してアンケート調査を行えば、誰が回答したかがわかります。回答者が特定されるため、所属や学年等の項目を尋ねる必要がなくなり、成績等のデータを組み合わせて分析することもできます。さらに、回答済みかどうかも確認できるため、学生を限定して回答を催促することができます。

　回答結果の概要とそれに基づいた大学としての対応措置等をまとめ、可能な限り学生に公開することも効果的です。アンケートの意義が学生に理解されるように努めることが地道ながら、学生のアンケートへの信頼性を長期的に高める方策と言えます。

Q104

卒業生に対してアンケート調査を実施したいのですが、どのようにすれば卒業生に連絡することができるでしょうか。

　　A　大学教育の長期的な効果を評価するために、卒業生に対してアンケート調査を実施するという方法があります。卒業生に尋ねることで、大学で身につけた知識や能力が社会の中でどのように活用されているのかを把握することができます。

　卒業生に対してアンケート調査をする際の課題の1つは、どのような方法で卒業生に連絡するかです。連絡の方法としては、入学時に登録した保証人の住所に郵送で送付するという方法があります。年末年始やお盆休みの時期であれば、卒業生が実家に戻っている可能性も高いでしょう。また、卒業生から報告された就職先に郵送で送付して、企業から卒業生に郵便物を渡す方法を採用する大学もあります。

　在学時に学生本人が卒業後の連絡先を登録する手続きをとるのもよいでしょう。卒業間近に連絡先を各自で登録できるようなウェブサイトを作成したり、卒業時のアンケートに卒業後の連絡先を記入します。学位記に記載する氏名の確認時に連絡先の記入を求める大学もあります。同窓会が卒業後の連絡先を把握していれば、その連絡先も活用できるかもしれません。

メールやSNSを活用するという方法もあります。卒業生を対象に生涯メールアドレスを発行していれば、それを活用することができるでしょう。利用者が出身大学を入力すると、自動的に大学のフォロワーになるSNSもあります。卒業生のコミュニティとして研究室や学科ごとにSNSアカウントを開設しているのなら、そのようなSNSを通して連絡することができるかもしれません。

Q105 著作権

卒業した学生のレポートを、教員が自分の授業の素材や見本として利用することはできますか。

A 　学生が書いたレポートは基本的に著作物とみなされます。学生が教員に提出したレポートの多くは未公表と考えられます。著作物が公表されているなら、授業のためであれば、一定の条件を満たせば、著作権者の許諾なしに行うことが認められています（著作権法第35条第1項）。しかし、未公表の著作物は、同項は適用できません。よって、卒業した学生のレポートを授業で利用する場合は、著作者である学生の許諾が必要となります。なお、学生の許諾をとった上で優れた卒業論文などの学習成果をウェブサイト上で公開する大学もあります。

Q106 著作権

遠隔授業において他人の著作物を活用できるのでしょうか。

A 　遠隔授業のハードルの1つとされるのが著作権の問題です。その対応策として、2018年に著作権法が改正され、そうして2021年度から授業目的公衆送信補償金制度の運用が本格的に始まりました。コロナ禍の影響を踏まえ、2020年度に限っては補償金を無償として特例的な運用が行われました。著作権法第2条第1項第7号の2によれば、公衆送信とは、「公衆によって直接受

信されることを目的として無線通信又は有線電気通信の送信を行うこと」と定義されています。授業目的公衆送信補償金制度とは、授業で著作物の公衆送信を行う際、教育機関が指定管理団体に一定の補償金を支払えば、著作物を適法に利用できるようになる仕組みです。ＩＣＴを活用した教育を推進し、著作物利用の円滑化と著作権者の利益保護とのバランスをとった制度と言えるでしょう。

　ここで、あらためて教育機関における著作物の複製の取り扱いについて確認しましょう。他人の著作物を複製したり、ネット配信したりする場合には、原則的に著作物ごとに著者の許諾が必要になります。しかし、教育機関における複製等に関しては、著作権法第35条等により、一定の条件を満たせば、コピーを配る等の利用が可能です。その条件とは、営利を目的としない教育機関であること、教育を担任する教員、または授業を受ける生徒・学生等が主体となること、授業の過程において必要と認められる範囲での利用、著作権者の利益を不当に害しないこと等です。

　上記の条件等を満たせば、対面授業では、無許諾・無償で著作物を資料としてコピーして印刷・配布することができます。同時中継の遠隔合同授業等による一部の公衆送信においても、例外的に無許諾・無償で著作物の利用は認められています。その他の公衆送信すべてにおいては、著作物ごとに許諾が必要だったところ、授業目的公衆送信補償金制度を活用することにより、無許諾での著作物の利用になったわけです。ただし、指定管理団体である一般社団法人授業目的公衆送信補償金等管理協会に補償金を支払わなければなりません。

　これらの考え方を整理すると、下の表のようになります。

対面（面接）授業	遠隔合同授業等（同時中継）による公衆送信	その他の公衆送信すべて
授業資料として著作物を複製して配布	対面授業で使用した資料や講義映像を同時中継先の遠隔授業教室に送信	オンデマンド型授業での映像や資料の送信、予復習用の資料や対面授業で使用する資料を外部サーバ経由で送信等
「無許諾・無償」		「要許諾」 →授業目的公衆送信補償金制度により「無許諾・有償」

　授業を目的とする著作物利用についての著作権法の解釈や、著作権者の利益を

コラム	大学職員として必要なものとは

　仕事上の相談を部下等から受けた場合、私は内容を聞いた上で「では、あなたはそれをどう思い、どのようにしたいと考えますか」と問い返すことにしています。

　初めからこちらに丸投げしてくるのではなく、まず自分で考えてみてほしいのです。もちろん、間違っていてもかまいません。日々の業務の中で直面した問題について、今持っている知識や経験から学んだことを使い、自分なりに判断し答えを出すことが重要で、その上で上司等に相談し判断を仰ぎ、物事を進めていけばよいのです。自分の考えの何が足りなかったのか、どこが間違っていたのか、なぜ他の人と意見が違っているのか。それらを知り考えることが自分の力となり自信を持って次の物事へ向かっていけるようになるでしょう。

　大学の業務を円滑に進めていく上で職員に一番必要とされることは、日常の業務の中で次々に現れてくる問題を解決するために、自分自身で判断し、答えを出すことができる力だと思います。その力を手に入れるためには、毎日ただ漫然と仕事を片付けるのではなく、業務に関わる種々の情報を収集したり、大学教育事務について継続的に勉強を続ける必要があります。種々の審議会等から大学教育を巡る答申が頻繁に出され、それに伴い大学設置基準等の法令も毎年のように改正される中、その内容についてはもちろん、その関係法令や学内諸規則についての知識や理解もまた必要とされます。これらを自分だけで勉強していくだけでなく、職員間で意見交換をしたり、職場全体のレベルアップを計っていくことも大切です。

　大切なのは、単純ではあるけれども実に難しい、「継続する」ということです。日々勉強を続け、自分を磨き、自信を持って毎日の業務に臨むことのできる、頼れる職員を目指しましょう。　　　　　　　　　　　　　　［長尾義則］

不当に害する具体的な該当例については、著作物の教育利用に関する関係者フォーラムから「改正著作権法第35条運用指針」が公表されています。

　なお、著作物の複製や公衆送信といったことだけではなく、法令で定める著作物の引用の規定は守らなければなりません。

Q107　　　　　　　　　　　　　　　　　　　　　　　著作権

授業で学生が教員の音声を無断で録音していたことが判明しました。著作権侵害に当たらないでしょうか。

A　　学生が予復習や授業内容の理解のためだけに授業を録音すること自体は、いわゆる「授業の過程における利用に供することを目的」とした複製となり、著作権法第35条第1項が適用され、著作権侵害には当たりません。もっとも、その音声をウェブサイトに公開する等、目的から外れる場合はこの限りではありません。

　それでは、教員は、学生による授業の録音を禁止することはできるのでしょうか。2003年の著作権法の改正により、教育機関における複製等の該当者が、「教育を担任する者」だけでなく「授業を受ける者」も対象に加えられたことにともない、学生による複製等を一律に禁止することは慎重な対応が求められるようです。

　ただし、授業を実施するにあたって、教室内での取り決めを定めることが必要な場合もあるでしょう。授業に対する学生の姿勢やマナーの問題も含め、取り決めの趣旨等を十分に説明し、理解を求めることになると考えられます。

Q108

学生の各種データを収集・利活用するときに注意すべきことは何ですか。

A 　教学マネジメントの一環として、学生の成績や出席状況、満足度調査、入学前の状況といった、さまざまなデータを利活用する場面が増えてきました。

　こうした活動ではまず、使用目的と利活用する関係者の範囲が定まっていて、学生にも周知されていることが大切です。データ収集・利活用についての全学ポリシーを策定している大学もあります。

　まずは、使う見込みのないデータを収集することをやめ、目的にそってデータを収集するようにしましょう。一方、目的が理にかなっていても、収集すべきでないデータや配慮を必要とするデータもあります。データ収集にあたっては、法的・倫理的・社会的な検討が必要となるのです。社会的コンセンサスや倫理観は時代とともに変わります。たとえば、学生の世帯収入や卒業後の収入を尋ねることは、時代とともに少なくなりました。

　データの使用にあたっては、個人情報保護、プライバシー秘匿等に注意が必要です。ただし、こうしたデータを利活用する目的が、学生個々に目配りをし、必要なサポートを提供することにあるならば、個人に紐づいたデータセットを使わざるを得ません。それだけにデータの利用保管に細心の注意が必要です。個人情報保護法によって、同窓会組織や後援会組織等といった情報の第三者提供についても、学生本人の同意が得られていることを事前に確認することも大学に義務づけられています。

　データを使用するにあたっては、目的に沿った使用とすることも大切です。学生本人のみではなく、関係者にも配慮が必要な場合があります。たとえば、学生による授業アンケートを教員の個人評価に用いる際には、教員に説明が必要です。結果として教員が、授業改善への挑戦を萎縮するようになってしまっては本末転倒です。多方面への配慮を忘れずに、よりよい教育への道筋を考えるようにしたいものです。

成績に関わる学生の学習成果はどのように管理すべきでしょうか。

A　　成績に関わる学生の学習成果は、その個人が特定できるかぎりは学生の個人情報と言えるでしょう。したがって、試験の答案等を教員が自宅に持ち帰ることは適切かといった、個人情報の保護という点からの検討課題があります。研究室を有する教員であれば、学内で厳重に保管を行うことができますが、学内に研究室を有さない教員には、厳重な管理をすることが難しいという課題があります。

　大学はセキュリティ・ポリシーの観点から、学内に研究室を有さない教員にも厳重な管理を求めなければなりません。また、試験の答案等の管理期間は大学ごとに異なりますが、最短で1年以上、一般的に5年間程度が求められているようです。教員個人に委ねるのではなく、教務課等で管理することもありえますが、多くの大学では、一般的に教員の個人責任とされています。これは、担当する授業科目について個人の責任を重視しているという、日本の大学風土を反映したものかもしれません。

　答案の管理期間を1年以上とする理由は、成績評価の説明責任を考慮したものと考えられます。教務課窓口では、一般的に学生からの成績評価の問い合わせ期間について、通知後一定期間内に限るものとし、所定の期間経過後の申し立てについては受け付けていません。しかし、在籍期間中に過去の評価の根拠を説明する際に、担当教員に答案の採点結果まで遡り説明を求める場面は起こりえます。

　これが常勤の教員であれば対応も容易ですが、非常勤の教員の場合には、通例1年間である委嘱期間が終わった後でも成績評価の説明責任があるのかという問題が生じます。雇用者と被雇用者という枠組みを超えて、学生の在籍中は大学の教育機関としての説明責任が存在するという視点が必要となります。

自分の授業を受講している学生の他の授業における成績状況を確認したいという要望が教員からありました。どのように対応すべきでしょうか。

A 　学生の成績評価は当該学生の個人情報です。個人情報は取り扱いに注意が必要ですが、大学本来の利用目的に合った範囲であれば、他の授業の成績であっても、学生の同意を得ることなく教員は閲覧することができます。

　なぜなら、教員は、本人の同意を得ずに個人情報を提供することが禁止されている「個人情報の保護に関する法律」における「第三者」ではないからです。当該教員が常勤の教員や雇用関係による非常勤教員の場合は、大学の従業者なので「第三者」には該当しません。また、大学が雇用せず請負関係による非常勤教員についても、同法の規定する例外（第27条第5項第1号）が適用され、「第三者」には該当しないと考えられます。

　個人情報については、あらかじめ特定された利用目的の達成に必要な範囲を超えて取り扱うことが禁止されており（第18条第1項）、従業者が取り扱う場合には安全管理が図られるよう監督することが求められています（第23条）。請負関係による非常勤講師の場合も、利用目的の達成に必要な範囲を超える場合には上記の例外が適用されません。今回、新たに設けられる基幹教員に関しても実際の雇用関係を確認する必要があります。

　履修状況の確認や教育上の指導等、大学本来の利用目的のために閲覧するのか、興味本位等それを逸脱する目的なのかといった点をきちんと確認し、法令の定める範囲での閲覧であることを確実にする必要があります。法令の定めはありませんが、提供した情報の記録を残す等の情報管理はしっかりしておきましょう。

学生の成績を保証人に通知することを検討していますが、通知する際に留意すべきことはどのようなことでしょうか。

 A 学生の成績表は、個人情報の保護に関する法律で規定されている個人情報に該当することから、同法に則った取り扱いが必要となります。私立大学では同法の個人情報取扱事業者に個人情報取扱事業者の義務等の該当条文の規定が適用され、国立大学には独立行政法人等の保有する個人情報の保護に関する法律、公立大学には当該地方公共団体が定める個人情報の保護に関する条例が適用されます。

　個人情報の取り扱いにあたっての個人情報取扱事業者の義務の概要としては以下の点があげられます。

①利用目的の特定、利用目的による制限
　・個人情報を取り扱うに当たって、利用目的をできる限り特定する。
　・特定された利用目的の達成に必要な範囲を超えて個人情報を取り扱わない。
②適正な取得、取得に際しての利用目的の通知等
　・偽りその他不正な手段によって個人情報を取得しない。
　・個人情報を取得したときは、本人に速やかに利用目的を通知又は公表する。また、本人から直接書面で取得する場合には、あらかじめ本人に利用目的を明示する。
③正確性の確保
　・利用目的の達成に必要な範囲で、個人データを正確かつ最新の内容に保つよう努める。
④安全管理措置
　・個人データの漏洩や滅失を防ぐために、必要かつ適切な安全管理措置を講じる。
　・安全に個人データを管理するために、従業者に対し必要かつ適切な監督を行う。

・個人データの取扱いについて委託する場合、委託先に対し必要かつ適切な監督を行う。
⑤第三者提供の制限
・あらかじめ本人の同意を得ないで、他の事業者等の第三者に個人データを提供しない。
・本人の求めに応じて第三者提供を停止することとしており、一定の事項をあらかじめ通知しているときは、本人の同意を得ずに第三者提供することが可能（オプトアウトの仕組み）。
・委託の場合、合併の場合、一定事項の通知等を行い、特定の者と共同利用する場合は第三者提供とはみなさない。
⑥開示、訂正、利用停止等
・保有個人データの利用目的、開示等に必要な手続き、苦情の申し出先等について本人の知り得る状態におかなければならない。
・本人からの求めに応じて、保有個人データを開示しなければならない。
・保有個人データの内容に誤りのあるときは、本人からの求めに応じて、訂正等を行わなければならない。
・保有個人データを法の義務に違反して取り扱っているときは、本人からの求めに応じて、利用の停止等を行わなければならない。
⑦苦情の処理
・本人から苦情等の申出があった場合は、適正かつ迅速な処理に努めなければならない。
・本人からの苦情を、適正かつ迅速に処理するため、苦情受付窓口の設置、苦情処理手順の策定等必要な体制を整備しなければならない。

　個人情報という面で学生の成績情報をみた場合、保証人は第三者に該当するため、その提供には学生の同意を得ることが原則です。保証人への成績通知を予告した上で学生の求めに応じて通知を停止する方法もあります。
　また、ウェブサイトを利用した保証人による成績確認を行う大学もありますが、その際、学生が所有するパスワードを大学から保証人へ直接知らせることは控えるべきでしょう。学生からパスワードを確認するよう保証人に依頼したり、学生の承認の上で保証人用の別のパスワードを通知したりするなど、個人情報の取り

扱いは十分な配慮が必要です。

Q112

連携大学院、連合大学院および共同大学院とはどのようなものですか。

A 連携大学院とは、学外にある高度な研究水準を持つ国立試験研究所や民間等の研究所の施設・設備や人的資源を活用して大学院教育を行う教育研究制度の１つです。

大学院設置基準第13条第2項において、教育上有益と認めるときは、学生が他の大学院または研究所等において必要な研究指導を受けることを大学院は認めることができるとあります。連携大学院は、この制度をさらに一歩進めたものです。

連携大学院では、当該大学院と連携先の研究所等が、学生に対する指導方法や研究員の派遣等について協定書を結び、主に連携先の研究所等において学生の研究指導を行うという方法により通常は実施されています。

一方で、連合大学院とは、2つ以上の大学が協力して教育研究を行う研究科を置いている大学院を指しており、大学院設置基準第7条の2の規定に基づくものです。連合大学院では、複数の大学、学部等が協力して独立した大学院を設置します。参加大学の教員の連合により、1大学のみでは充実が難しい分野を相互に補いつつ、幅の広い、かつ水準の高い教育研究を実施しようとするものです。大学院間で協定書を結び、単位互換および研究指導委託等を行うこととしています。

また、共同大学院とは、大学院が他の大学院と共同で教育課程（共同教育課程）を編成し、共同教育課程の修了者には構成大学院の連名による学位を授与する大学院のことです。大学院設置基準第31条第1項は、複数の大学院のうち1つで開設される授業科目をその他の大学院の教育課程の一部とみなすことにより、すべての大学院で同一の教育課程を編成することができると定めています。

他の大学院の協力を得て教育研究を実施する連合大学院制度と共同大学院制度との主な相違点は以下の通りです。

	連合大学院制度	共同大学院制度
組織	基幹となる大学院に研究科を設置	各構成大学院にそれぞれ共同研究科等の組織を設置
教員	基幹となる大学院に所属	それぞれ各構成大学院に所属
学生	基幹となる大学院に所属	すべての構成大学院に在籍するが、いずれかに本籍を置く
教育課程	基幹となる大学院において必要な授業科目等を自ら開設	複数の大学院が共同して１つの共同教育課程を編成
学位	基幹となる大学院の名義で授与	複数の大学院の連名により授与

Q113

専門職大学と専門職大学院は制度上どのような違いがありますか。

A 専門職大学と専門職大学院は同時にその制度が整えられたわけではなく、制度としては専門職大学院が先に設置されました。

専門職大学院は、学校教育法の改正により 2003 年 4 月に開始した制度で、高度専門職業人の養成に目的を特化し、実践的な教育方法や実務家教員の配置等を特徴にしています。実際に専門職大学院という名称の組織があるわけではなく、大学におかれる大学院に専門職学位課程を設けることを意味しています。特に、法曹養成のための教育を行うことを目的とするものは法科大学院、高度の専門的な能力及び優れた資質を有する教員の養成のための教育を行うことを目的とするものは教職大学院と呼ばれます。

専門職大学は、実践的な職業教育を行うことを目的とした新たな大学類型で、学校教育法の改正により 2019 年 4 月から設置が可能になりました。大学に新たな類型が加わるのは、1964 年に短期大学が制度化されて以来のことですから、約半世紀ぶりになります。実習・実技を通じた実践力の育成、実務家教員の配置、企業等の現場での実習（臨地実務実習）等が専門職大学の教育の特徴です。なお、専門職大学と同時に、専門職短期大学、専門職学科も制度化されました。

専門職大学が新たな大学類型であるのに対し、専門職大学院は一般の大学の大

学院に専門職学位課程をおいた研究科（又は専攻）を指しています。専門職大学院はアメリカの大学の大学院レベルのプロフェッショナル・スクールをモデルにしていることが影響していると考えられます。

Q114 大学制度

認証評価の導入によって、大学設置基準の役割はどのように変わったのでしょうか。また、大学設置基準が頻繁に改正されるのはどのような理由からでしょうか。

A 　行政システム全体が、国による事前規制型から事後チェック型へ移行しています。高等教育政策においても同様で、大学設置の事前審査は質の確保のための必要不可欠なものに限定し、事後チェック型の認証評価制度が2004年から導入されました。

それでは、認証評価の開始で、実際に大学設置基準の役割は変わったのでしょうか。2022年に大学設置基準の大幅な改正が行われましたが、それまでもFD・SDの義務化、キャリア教育の義務化、キャップ制の努力義務化等が追加される等の頻繁な改正が続いています。またその改正が認証評価の基準に影響を与える等、事実上認証評価の基準としても機能していると言えます。

大学設置基準は、その創設当初から、大学設置に必要な最低の基準としてだけではなく、水準向上活動の基準としても用いられ、設置認可のためだけではなく既設の大学の運営にも関わる基準として機能してきました。一般的に省令は根拠法律に関連した技術的、手続き的な内容を定める性格をもっています。しかし、大学設置基準は、大学についての包括的な内容を定めていること、その名称のとおり大学設置の基準であること、さらには水準向上活動を促している等、大学にとっての実質的な意義は極めて大きいと言えるでしょう。

このように、大学設置基準のもつ機能の大きさを踏まえると、その改正は大学改革を誘導する高等教育政策を象徴するものとなっています。高等教育の規模に関わるような高等教育計画に代表される総合的な政策を打ち出すのが難しくなってきました。個々の教育制度に関わる改革、つまり、大学設置基準の改正は、重要な大学改革のツールとしての役割をますます担うようになるでしょう。

コラム	Q＆Aという形式

　本書はQ＆Aという形式で教務の知識をまとめています。Q＆A形式は、文部省（当時）による『今日の大学運営』（1983）や東京都私立短期大学協会による『教務運営ハンドブック』（1994）などにおいて採用されています。また、いくつかの大学の教務ハンドブックにおいて採用されている形式もQ＆Aです。

　教務の知識を共有する際に、Q＆A形式は有効な方法と言えます。なぜなら、教務の知識は場面や文脈の中に位置づいているからです。教務において法規、政策文書、専門用語などは重要ですが、それらは単に暗記すればよいというものではありません。どのような状況で活用されるのかという観点から理解されるべきものです。Q＆A形式は、知識を場面や文脈に位置づけることができ、活用という観点から理解しやすい方法と言えます。また、他の教務系職員が発した質問に対して、自分が同じように悩んでいたことに気づかせ、親近感を抱かせる効果もあるでしょう。しかも、この形式は関心のある部分から読むといった使い方にも適しています。

　一方、Q＆A形式には短所もあります。Q＆A方式は状況とともに知識が説明されるので、必然的に文章量が多くなってしまいます。限られた分量の中では抜け落ちてしまう知識もあり、知識全体を網羅することには適していない形態と言えるでしょう。また、系統的な学習が好きな人には物足りなさや違和感があるかもしれません。

　本書でQ＆Aを採用したのは、教務の知識全体を体系化して説明するより、さまざまな事例を通して教務の生きた知識や教務に求められる考え方を伝えることを優先したからです。

　Q＆A形式では、小手先のテクニックしか伝えられないと考える人もいるようですが、私はそのように考えていません。中国の古典である『論語』も、Q＆A形式をうまく取り入れ、人間としての深く豊かな考え方を伝えた書物と言えます。Q＆A形式で書かれていることが、2500年にわたって広く読み続けられてきた1つの理由ではないかと私は思います。　　　　　［中井俊樹］

Q115

中央教育審議会の答申等の政策文書の動向を早めに把握する方法はありますか。

A　審議会の答申は突然公開されるものではありません。文部科学大臣からの諮問があり、それに対する検討が重ねられた結果、答申として示されます。そしてこの答申を受けて、法令改正をはじめとする制度改正が実施されます。

　制度改正の予兆をつかむためには、答申案を検討する部会の動きを把握しておく必要があります。部会の開催予定については文部科学省ウェブサイトに日々掲出されるので、メールマガジンを登録しておくとよいでしょう。平日の夕方にはウェブサイトに掲出された主な情報のタイトルが記載されたメールが送信されてきます。その中に部会の開催案内もあります。

　コロナ禍以前において部会は対面のみの開催であったため、東京まで行かないと傍聴できませんでしたが、コロナ禍以降はオンラインで傍聴できるようになりました。資料も開催当日には文部科学省のウェブサイトに掲出されるのでリアルタイムで状況を把握できるようになっています。

　このように部会の動向を追っていると、部会の資料や傍聴の記録をもとに、学内での会議で状況を報告したり、必要に応じて検討したりする機会をもつことができます。きたるべき制度改正に向けての準備につながるでしょう。また、他大学教職員と意見交換することで、他大学の動向もうかがうことができるでしょう。そうした情報を学内の検討時に加えるとより、議論がいっそう充実したものになるのです。

　なお、重要な大学教育政策が、文部科学省所管ではなく、内閣府設置の諮問会議や審議会等で先手を打って提起されることもあります。それらの動向にも目配りをしたいものです。

第3部 　大学教務のための資料

1. 年間スケジュール

下記の表は、ある国立大学を参考に作成した教務関連の年間スケジュールです。

	4月	5月	6月	7月	8月	9月
主な行事	入学式（春） 新年度ガイダンス 学生健康診断 前期授業開始			定期試験	夏季休業	夏季休業 卒業式（秋）
授業関係	前期履修登録 履修相談	履修辞退受付	定期試験準備	定期試験 次年度学年暦検討 授業アンケート実施	集中講義 追試験 成績処理	集中講義 前期成績発表
教職関係	教育実習／介護等体験事前指導 実習校への受け入れ依頼手続き	教育実習 介護等体験	教育実習 介護等体験	教育実習 介護等体験 教員免許状一括申請説明会（大学向け） 教育実習事後指導		教育実習 介護等体験 教員免許状一括申請説明会（学生向け）
入試業務			文部科学省大学入学者選抜実施要項公開	入学者選抜要項公開	オープンキャンパス	大学院入試
学部等の設置	大学設置分科会へ諮問	書類審査 審査意見伝達	補正申請書提出 実地又は面接調達	実地又は面接調査	認可	

10月	11月	12月	1月	2月	3月
入学式（秋） 後期授業開始	大学祭	冬季休業	定期試験		卒業式（春）
後期授業開始 後期履修登録		シラバス作成依頼 定期試験準備	定期試験 次年度時間割編成	追試験 成績処理 履修の手引き作成 卒業判定	後期成績発表
教育実習 介護等体験 教職実践演習開講 教員免許状一括申請対象者名簿ファイル提出	教育実習 介護等体験 次年度教育実習内諾手続き	介護等体験 教育実習事後指導	介護等体験	教員免許状一括申請単位ファイル提出	教員免許状授与
入学者募集要項（一般選抜）公開	総合型選抜入試	学校推薦型選抜入試	大学入学共通テスト 一般選抜入試	一般選抜入試 大学院入試	一般選抜入試
					申請

２．教育関連法令の読み方

　教務部門の職員にとって教育に関連する法令を正確に理解することは、業務を行う上での基本です。ここでは教育関連法令の読み方について簡単に説明します。

（１）法令の基本原則を理解する

　法令にはいくつかの基本原則があります。法令を読むときの基礎として、以下の原則を理解しておきましょう。

①上位の法令は下位の法令に優先する
　法令には、憲法、法律、政令、省令という階層構造があります。階層構造の上位にある法令が優先され、上位の法令に反する下位の法令は効力を持ちません。法律、政令、省令では、それぞれ制定の方法が異なります。法律は、国会における議決を経て制定されます。政令は、内閣の閣議を経て制定されます。省令は、大臣の権限で機関の命令として発することができます。

②特別法は一般法に優先する
　一般法とは適用対象がより広い法であり、特別法とは適用対象がより特定されている法です。一般法と特別法において法が異なった規律を定めている場合、特別法の適用を受ける事象に対しては一般法の規律が排除され、特別法の規律が適用されます。

③後法は前法に優先する
　法令が新たに制定または改正された場合に、関連法令において抵触する規定が削除あるいは改正されなかったとき、後法が前法に優先します。ただし、一般法と特別法の間では、前法であっても特別法が優先します。

④法の不遡及

　新たに制定された法令や改正された法令は、それ以前の事例に適用されて不利益を生むことはありません。特に刑罰については、事後法の適用の禁止について憲法に定めがあります。しかし、その他の領域では、法的安定性を害してでも新法の原則を適用したいという強い要請がある場合、遡及効の規定が加えられることもあります。

（2）大学教育に関連する法令を理解する

　大学教育に関連する法令を読むときにはいくつかの注意点があります。まず、大学教育の現場では、学校教育法や大学設置基準等の教育関係の法令だけでなく、個人情報、著作権、保健安全等のさまざまな法令も関係しています。したがって、自分の業務に関連する法令を抽出しておく必要があります。

　また、調べたい内容によっては、さまざまな階層の法令にあたる必要があることを理解しておきましょう。法令の内容によっては下位の法に詳細な規定を置くことも少なくありません。

　具体的に、大学への入学資格をみてみましょう。大学入学資格は、学校教育法第90条で規定されていますが、一部の入学資格については文部科学大臣に委任され、学校教育法施行規則第150条に規定されています。同条には「文部科学大臣の指定したもの」といった文言があるため、さらに他の規定（告示）にあたらなければなりません。つまり、大学入学資格の全体像をとらえるためには、さまざまな階層の法令、さらには法令ではない告示にまであたる必要があるのです。

大学への入学資格に関連する法令（一部）

【学校教育法】
第90条　大学に入学することのできる者は、高等学校若しくは中等教育学校を卒業した者若しくは通常の課程による12年の学校教育を修了した者（通常の課程以外の課程によりこれに相当する学校教育を修了した者を含む。）又は文部科学大臣の定めるところにより、これと同等以上の学力があると認められた者とする。
（第2項省略）

【学校教育法施行規則】

第150条　学校教育法第90条第1項の規定により、大学入学に関し、高等学校を卒業した者と同等以上の学力があると認められる者は、次の各号のいずれかに該当する者とする。

一　外国において学校教育における12年の課程を修了した者又はこれに準ずる者で文部科学大臣の指定したもの

二　文部科学大臣が高等学校の課程と同等の課程を有するものとして認定した在外教育施設の当該課程を修了した者

三　専修学校の高等課程（修業年限が3年以上であることその他の文部科学大臣が定める基準を満たすものに限る。）で文部科学大臣が別に指定するものを文部科学大臣が定める日以後に修了した者

四　文部科学大臣の指定した者

五　高等学校卒業程度認定試験規則による高等学校卒業程度認定試験に合格した者（旧規程による大学入学資格検定（以下「旧検定」という。）に合格した者を含む。）

五の二　学校教育法第90条第2項の規定により大学に入学した者であつて、高等学校卒業程度認定審査規則（令和4年文部科学省令第18号）による高等学校卒業程度認定審査に合格した者

六　学校教育法第90条第2項の規定により大学に入学した者であつて、当該者をその後に入学させる大学において、大学における教育を受けるにふさわしい学力があると認めたもの

七　大学において、個別の入学資格審査により、高等学校を卒業した者と同等以上の学力があると認めた者で、18歳に達したもの

（3）法令用語に慣れる

　法令で使用される言葉には特徴があります。正しく理解するためには法令用語に慣れる必要があります。以下では代表的な法令用語を紹介します。

①「及び」と「並びに」

　AとBというような単純、並列的な併合的接続の場合には「及び」を用います。また、併合的接続の段階が複雑で二段階以上になる場合には小さい接続（同じ種類の接続）の場合のほうに「及び」を用い、大きな接続（異なる種類の接続）の

方に「並びに」を用います。三段階以上も続くような場合には一番小さな接続だけに「及び」を用い、それ以外の接続にはすべて「並びに」を用います。

（例）学校教育法第12条
　学校においては、別に法律で定めるところにより、幼児、児童、生徒及び学生並びに職員の健康の保持増進を図るため、健康診断を行い、その他その保健に必要な措置を講じなければならない。

学校においては……
$$\left\{ \left\{ \begin{array}{c} 幼児 \\ 児童 \\ 生徒 \\ 及び \\ 学生 \end{array} \right\} \quad 並びに \quad 職員 \right\}$$
の健康の保持増進を……

② 「又は」と「若しくは」
　選択される語句に段階がなく、並列された語句を単につなぐ場合には「又は」を用います。選択される語句が3個以上のときは最後の2個の語句だけを「又は」で結び、その他の接続は読点でもって行うこととされています。また、選択される語句に段階がある場合にはもっとも大きな選択的連結に1回だけ「又は」を用い、その他の小さな選択には、「若しくは」を繰り返して用います。また、選択される語句に段階がない場合は「若しくは」を使いません。

（例）学校教育法第90条
　大学に入学することのできる者は、高等学校若しくは中等教育学校を卒業した者若しくは通常の課程による十二年の学校教育を修了した者（通常の課程以外の課程によりこれに相当する学校教育を修了した者を含む。）又は文部科学大臣の定めるところにより、これと同等以上の学力があると認められた者とする。

大学に入学する
ことができる者は

{
  {
    高等学校
    若しくは中等教育学校
  } を卒業した者

  若しくは通常の課程による
  十二年の学校教育を修了した者

  又は文部科学大臣……認められた者
}

とする。

③「……場合」と「……とき」

「とき」を平仮名書きした「とき」は、広く「場合」という語と同じような意味で用いられます。単独で使用するにあたって、「とき」または「場合」のいずれを用いるべきかについて、特に決められた原則はありません。

しかし、「場合」と「とき」の両者を同時に用いて使用するには注意が必要です。最初の大きな条件を表すのに「場合」、次の小さな条件を表すのに「とき」を用います。

（例）学校教育法第88条

大学の学生以外の者として一の大学において一定の単位を修得した者が当該大学に入学する場合において、当該単位の修得により当該大学の教育課程の一部を履修したと認められるときは、文部科学大臣の定めるところにより、修得した単位数その他の事項を勘案して大学が定める期間を修業年限に通算することができる。ただし、その期間は、当該大学の修業年限の二分の一を超えてはならない。

---

④「その他」と「その他の」

「その他」は、「その他」の前にある字句と後にある字句とが並列の関係であることを示し、「その他の」は、「その他の」の前にある字句が、「その他の」の後にある、より内容の広い意味を有する字句の例示である場合に用いられます。

（例）学校教育法第 109 条第 3 項
　専門職大学院を置く大学にあつては、前項に規定するもののほか、当該専門職大学院の設置の目的に照らし、当該専門職大学院の教育課程、教員組織その他教育研究活動の状況について、政令で定める期間ごとに、認証評価を受けるものとする。ただし、当該専門職大学院の課程に係る分野について認証評価を行う認証評価機関が存在しない場合その他特別の事由がある場合であつて、文部科学大臣の定める措置を講じているときは、この限りでない。

（例）学校教育法第 93 条第 2 項
　教授会の組織には、准教授その他の職員を加えることができる。

⑤「者」と「物」と「もの」
　「者」は法律上の人格を有するものを指す場合に用います。自然人（個人）と法人を含みます。一方、「物」は法律上の人格を有するもの以外の有体物を指す場合に用います。「もの」は、「者」または「物」にあたらない抽象的なものを指す場合、さらに抽象的なものと「物」とを含めて指す場合、また前出したものにさらに要件を重ねて限定する場合等に用いられます。

（例）学校教育法第 102 条第 2 項
　前項本文の規定にかかわらず、大学院を置く大学は、文部科学大臣の定めるところにより、第八十三条の大学に文部科学大臣の定める年数以上在学した者（これに準ずる者として文部科学大臣が定める者を含む。）であつて、当該大学院を置く大学の定める単位を優秀な成績で修得したと認めるものを、当該大学院に入学させることができる。

3．大学教育関連主要法令

基本法令
日本国憲法（昭和 21 年 11 月 3 日）
教育基本法（平成 18 年 12 月 22 日法律第 120 号）
学校教育法（昭和 22 年 3 月 31 日法律第 26 号）
学校教育法施行令（昭和 28 年 10 月 31 日政令第 340 号）
学校教育法施行規則（昭和 22 年 5 月 23 日文部省令第 11 号）

学位
学位規則（昭和 28 年 4 月 1 日文部省令第 9 号）

設置基準
大学設置基準（昭和 31 年 10 月 22 日文部省令第 28 号）
高等専門学校設置基準（昭和 36 年 8 月 30 日文部省令第 23 号）
大学院設置基準（昭和 49 年 6 月 20 日文部省令第 28 号）
短期大学設置基準（昭和 50 年 4 月 28 日文部省令第 21 号）
大学通信教育設置基準（昭和 56 年 10 月 29 日文部省令第 33 号）
短期大学通信教育設置基準（昭和 57 年 3 月 23 日文部省令第 3 号）
専門職大学院設置基準（平成 15 年 3 月 31 日文部科学省令第 16 号）
専門職大学設置基準（平成 29 年 9 月 8 日文部科学省令第 33 号）
専門職短期大学設置基準（平成 29 年 9 月 8 日文部科学省令第 34 号）

国立大学
国立大学法人法（平成 15 年 7 月 16 日法律第 112 号）
国立大学法人法施行令（平成 15 年 12 月 3 日政令第 478 号）
国立大学法人法施行規則（平成 15 年 12 月 19 日文部科学省令第 57 号）
国立大学等の授業料その他の費用に関する省令（平成 16 年 3 月 31 日文部科学省令第 16 号）

公立大学
地方教育行政の組織及び運営に関する法律（昭和 31 年 6 月 30 日法律第 162 号）
地方教育行政の組織及び運営に関する法律施行令（昭和 31 年 6 月 30 日政令第 221 号）

地方独立行政法人法（平成 15 年 7 月 16 日法律第 118 号）

私立大学
　私立学校法（昭和 24 年 12 月 15 日法律第 270 号）
　私立学校法施行令（昭和 25 年 3 月 14 日政令第 31 号）
　私立学校法施行規則（昭和 25 年 3 月 14 日文部省令第 12 号）
　私立学校振興助成法（昭和 50 年 7 月 11 日法律第 61 号）
　私立学校振興助成法施行令（昭和 51 年 11 月 9 日政令第 289 号）

教職員
　労働基準法（昭和 22 年 4 月 7 日法律第 49 号）
　労働基準法施行規則（昭和 22 年 8 月 30 日厚生省令第 23 号）
　労働組合法（昭和 24 年 6 月 1 日法律第 174 号）
　大学の教員等の任期に関する法律（平成 9 年 6 月 13 日法律第 82 号）
　教育公務員特例法（昭和 24 年 1 月 12 日法律第 1 号）
　教育公務員特例法施行令（昭和 24 年 1 月 12 日政令第 6 号）
　男女共同参画社会基本法（平成 11 年 6 月 23 日法律第 78 号）
　雇用の分野における男女の均等な機会及び待遇の確保等に関する法律（昭和 47 年
　　7 月 1 日法律第 113 号）
　労働契約法（平成 19 年法律第 128 号）

教職課程
　教育職員免許法（昭和 24 年 5 月 31 日法律第 147 号）
　教育職員免許法施行令（昭和 24 年 9 月 19 日政令第 338 号）
　教育職員免許法施行規則（昭和 29 年 10 月 27 日文部省令第 26 号）
　小学校及び中学校の教諭の普通免許状授与に係る教育職員免許法の特例等に関
　　する法律（平成 9 年法律第 90 号）
　小学校及び中学校の教諭の普通免許状授与に係る教育職員免許法の特例等に関
　　する法律施行規則（平成 9 年文部省令第 40 号）

保健安全
　学校保健安全法（昭和 33 年 4 月 10 日法律第 56 号）
　学校保健安全法施行令（昭和 33 年 6 月 10 日政令第 174 号）
　学校保健安全法施行規則（昭和 33 年 6 月 13 日文部省令第 18 号）

障害者

障害者基本法（昭和 45 年 5 月 21 日法律第 84 号）

身体障害者福祉法（昭和 24 年 12 月 26 日法律第 283 号）

発達障害者支援法（平成 16 年 12 月 10 日法律第 167 号）

発達障害者支援法施行令（平成 17 年 4 月 1 日政令第 150 号）

発達障害者支援法施行規則（平成 17 年 4 月 1 日厚生労働省令第 81 号）

障害を理由とする差別の解消の推進に関する法律（平成 25 年法律第 65 号）

出入国管理

出入国管理及び難民認定法（昭和 26 年 10 月 4 日政令第 319 号）

出入国管理及び難民認定法施行規則（昭和 56 年 10 月 28 日法務省令第 54 号）

科学技術

科学技術・イノベーション基本法（平成 7 年 11 月 15 日法律第 130 号）

大学等における技術に関する研究成果の民間事業者への移転の促進に関する法律（平成 10 年 5 月 6 日法律第 52 号）

知的財産

知的財産基本法（平成 14 年 12 月 4 日法律第 122 号）

著作権法（昭和 45 年 5 月 6 日法律第 48 号）

特許法（昭和 34 年 4 月 13 日法律第 121 号）

情報管理

個人情報の保護に関する法律（平成 15 年 5 月 30 日法律第 57 号）

個人情報の保護に関する法律施行令（平成 15 年 12 月 10 日政令第 507 号）

独立行政法人等の保有する個人情報の保護に関する法律（平成 15 年 5 月 30 日法律第 59 号）

独立行政法人等の保有する個人情報の保護に関する法律施行令（平成 15 年 12 月 25 日政令第 549 号）

行政機関の保有する情報の公開に関する法律（平成 11 年 5 月 14 日法律第 42 号）

経済安全保障

外国為替及び外国貿易法（昭和 24 年 12 月 1 日法律第 228 号）

社会教育

社会教育法（昭和24年6月10日法律第207号）

生涯学習の振興のための施策の推進体制等の整備に関する法律（平成2年6月29日
法律71号）

図書館法（昭和25年4月30日法律第118号）

学校図書館法（昭和28年8月8日法律第185号）

博物館法（昭和26年12月1日法律第285号）

参考情報

　最新の法令を確認するときには、総務省が運営する法令データ提供システム
「e-Gov」が便利です。総務省行政管理局が整備している憲法、法律、政令、勅令、府
令、省令および規則のデータが提供されています。毎月更新されます。

電子政府の総合窓口「e-Gov」　https://elaws.e-gov.go.jp/

---

4. 大学設置基準の解説

　大学設置基準は、学校教育法第3条を根拠に、大学として備えるべき基本的な要件を定めた省令で、1956年10月に制定・公布されました。そこでは、「大学を設置するのに必要な最低の基準」（第1条第2項）であるとする一方、「その水準の向上を図ることに努めなければならない」（同第3項）と規定し、設置認可後の継続的な水準向上活動を求めています。大学設置基準が有するこの2つの性格を理解するには、その成立過程に目を向ける必要があります。

　1947年7月、大学関係者の団体である大学基準協会は、設立と同時に「大学基準」を制定しました。この大学基準は、協会の会員相互で「適格判定（アクレディテーション）」を行うための基準であると同時に、大学設置の基準でもあるとされました。新制大学の設置認可にあたっては、大学設置委員会（1948年設置、1950年審議会に改称）への諮問が義務づけられましたが、同委員会は大学基準協会の大学基準を採用し、大学基準運用要綱を加え、大学設置基準としました。先に述べたとおり、大学設置基準は省令化されることになりますが、大学基準協会の大学基準の特徴を引き継ぐことになり、大学の「最低の基準」であると同時に、「水準向上の基準」としての役割も担うことになりました。

　大学設置基準の省令化の際は、専門教育重視の課程編成を一部可能にしたり、主として国立大学の大学院組織の制度化のため、講座・学科目制の区分を明確化したりする等の修正が加えられました。その後しばらくは、一般教育（教養教育）に関する課程編成の弾力化や単位互換制度の実施等の改正があったものの、それら以外は部分的、技術的な改正に留まりました。

　しかし、大学審議会答申「大学教育の改善について」（1991年2月）を受けた同年7月の大学設置基準の改正は、いわゆる「大綱化」と呼ばれる大きな変革でした。多様で特色あるカリキュラム設計を促すため、開設授業科目の科目区分（一般教育、外国語、保健体育、専門教育）の廃止、単位の計算方法の弾力化等が実施されると同時に、自己点検・評価の導入が図られました。

　大綱化以降も大学の多様化、個性化を促すため、各種制度の弾力化を進めるとともに、教育の質向上に関わる活動を強化する動き（FDの義務化（2008年）、キャ

リア教育の義務化（2011年）等）も活発化しました。

　2022年10月には、教育の質保証システム確立の動きへの対応や分散された規定の項目の再整理を図るための大幅な改正がありました。主なところでは、柔軟な教員配置を可能にする基幹教員制度、教職協働の実質化の促進が期待される教育研究実施組織、教育課程等に係る特例制度等が挙げられます。

表　大学設置基準の主な改正事項

施行年月	内　容
1971年4月	一般教育科目の開設基準の弾力化、一般教育科目の専門教育科目等への振替え可能単位数の拡大
1972年4月	単位互換の制度化
1973年10月	学部以外の教育研究上の基本となる組織の設置可
1991年7月	自己点検・評価の努力義務化、学部の種類の例示に関する規定の削除、授業科目の区分（一般教育科目、専門教育科目等）に関する規定の削除、教育課程の編成方針についての規定の追加、単位の計算方法の弾力化、既修得単位の認定についての規定の追加、科目等履修生の制度化、大学以外の教育施設等における学修の単位認定可
1998年3月	多様なメディアを高度に利用した授業についての規定の追加
1999年9月	履修登録単位の上限設定の努力義務化
2002年3月	長期履修の制度化
2003年4月	学長の資格についての規定の追加、教授等の資格に教育上の能力に関する内容の追加、入学者の選抜についての規定の追加
2007年4月	講座制・学科目制に関する規定の削除
2008年4月	学部等の人材養成の目的その他の教育研究上の目的の制定及び公表の義務化、複数の授業方法を併用した場合の単位の計算方法の明確化、ファカルティ・ディベロップメント（FD）実施の義務化、授業計画（シラバス）の作成及び成績評価基準の明示の義務化
2009年3月	共同教育課程の制度化
2011年4月	キャリア教育実施の義務化
2017年4月	スタッフ・ディベロップメント（SD）実施の義務化
2022年10月	教育及び事務職員等からなる教育研究実施組織の編成についての規定の追加、基幹教員の制度化、授業の方法（講義、演習、実験等）による単位の計算方法の違いの撤廃、教育課程等に係る特例制度についての規定の追加

5. 主な審議会答申

　審議会とは、大臣や長官から諮問された政策上の課題について調査や審議を行い、最終的に答申として政策提言する組織です。審議会の政策提言には法的拘束力はありませんが、大臣や長官はその内容を参考に政策を決定し、法令の改正や告示等の形で行政に反映することができます。審議会の委員は、該当分野の学術的な専門家や利害関係者から選任されます。

　教育に関する政策提言は、中央教育審議会で行われています。中央教育審議会には、大学および高等専門学校における教育の振興に関する重要事項を調査審議することを主な目的とした大学分科会があります。2001 年の中央省庁再編以前は、中央教育審議会とともに大学審議会が設置されていました。審議会の答申で記された提言は法令改正等につながることも多いため、法令改正の背景を理解し、今後の大学政策を展望するためにも、答申の内容に目を通しておくことは重要です。

　ここでは、主な審議会答申をその目次とともに紹介します。

2018 年　　2040 年に向けた高等教育のグランドデザイン（答申）
　　　Ⅰ　2040 年の展望と高等教育が目指すべき姿—学修者本位の教育への
　　　　　転換
　　　Ⅱ　教育研究体制—多様性と柔軟性の確保
　　　Ⅲ　教育の質の保証と情報公表—「学び」の質保証の再構築
　　　Ⅳ　18 歳人口の減少を踏まえた高等教育機関の規模や地域配置
　　　Ⅴ　各高等教育機関の役割等—多様な機関による多様な教育の提供
　　　Ⅵ　高等教育を支える投資
　　　Ⅶ　今後の検討課題

2018 年　　第 3 期教育振興基本計画について（答申）
　　　第 1 部　我が国における今後の教育政策の方向性
　　　Ⅰ　教育の普遍的な使命
　　　Ⅱ　教育をめぐる現状と課題
　　　Ⅲ　2030 年以降の社会を展望した教育政策の重点事項

IV　今後の教育政策に関する基本的な方針

V　今後の教育政策の遂行に当たって特に留意すべき視点

第2部　今後5年間の教育政策の目標と施策群

1　夢と志を持ち、可能性に挑戦するために必要となる力を育成する

2　社会の持続的な発展を牽引するための多様な力を育成する

3　生涯学び、活躍できる環境を整える

4　誰もが社会の担い手となるための学びのセーフティネットを構築する

5　教育政策推進のための基盤を整備する

2014年　新しい時代にふさわしい高大接続の実現に向けた高等学校教育、大学教育、大学入学者選抜の一体的改革について（答申）

1　我が国の未来を見据えた高大接続改革

2　新しい時代にふさわしい高大接続の実現に向けた改革の方向性

3　改革を実現するための具体策

4　社会全体で改革を共有するための方策

2012年　新たな未来を築くための大学教育の質的転換に向けて―生涯学び続け、主体的に考える力を育成する大学へ（答申）

1　大学の役割と今回の答申の趣旨

2　検討の基本的な視点

3　これからの目指すべき社会像と求められる能力

4　求められる学士課程教育の質的転換

5　学士課程教育の現状と学修時間

6　学士課程教育の質的転換への方策

7　質的転換に向けた更なる課題

8　今後の具体的な改革方策

2011年　グローバル化社会の大学院教育―世界の多様な分野で大学院修了者が活躍するために（答申）

1　はじめに～検討の経緯

  2 大学院教育の実質化に関する検証結果

  3 大学院教育の改善の方向性

  4 大学院教育の改善方策

  5 大学院教育の改革に向けた今後の取組

2011 年 今後の学校におけるキャリア教育・職業教育の在り方について（答申）

  序章 若者の「社会的・職業的自立」や「学校から社会・職業への移行」
    を巡る経緯と現状

  第 1 章 キャリア教育・職業教育の課題と基本的方向性

  第 2 章 発達の段階に応じた体系的なキャリア教育の充実方策

  第 3 章 後期中等教育におけるキャリア教育・職業教育の充実方策

  第 4 章 高等教育におけるキャリア教育・職業教育の充実方策

  第 5 章 生涯学習の観点に立ったキャリア形成支援の充実方策

  第 6 章 キャリア教育・職業教育の充実のための様々な連携の在り方

2008 年 学士課程教育の構築に向けて（答申）

  第 1 章 グローバル化、ユニバーサル段階等をめぐる認識と改革の基本
    方向

  第 2 章 学士課程教育における方針の明確化

  第 3 章 学士課程教育の充実を支える学内の教職員の職能開発

  第 4 章 公的及び自主的な質保証の仕組みの強化

  第 5 章 基盤となる財政支援

2008 年 教育振興基本計画について―「教育立国」の実現に向けて（答申）

  第 1 章 我が国の教育をめぐる現状と課題

  第 2 章 今後 10 年間を通じて目指すべき教育の姿

  第 3 章 今後 5 年間に総合的かつ計画的に取り組むべき施策

  第 4 章 施策の総合的かつ計画的な推進のために必要な事項

2005 年 新時代の大学院教育―国際的に魅力ある大学院教育の構築に向けて
  （答申）

序章　大学院を巡る社会状況とこれまでの大学院改革の進捗状況
第1章　国際的に魅力ある大学院教育に向けて
第2章　新時代の大学院教育の展開方策
第3章　大学院教育の改革を推進するための計画と社会的環境の醸成

2005年　　我が国の高等教育の将来像（答申）
第1章　新時代の高等教育と社会
第2章　新時代における高等教育の全体像
第3章　新時代における高等教育機関の在り方
第4章　高等教育の発展を目指した社会の役割
第5章　「高等教育の将来像」に向けて取り組むべき施策

2002年　　大学の質の保証に係る新たなシステムの構築について（答申）
第1章　基本的な考え方
第2章　設置認可の在り方の見直し
第3章　第三者評価制度の導入
第4章　法令違反状態の大学に対する是正措置
第5章　おわりに

2002年　　大学院における高度専門職業人養成について（答申）
第1章　基本的な考え方
第2章　専門職大学院制度の創設

2002年　　新しい時代における教養教育の在り方について（答申）
第1章　今なぜ「教養」なのか
第2章　新しい時代に求められる教養とは何か
第3章　どのように教養を培っていくのか

2002年　　大学等における社会人受入れの推進方策について（答申）
Ⅰ　基本的考え方
Ⅱ　具体的な方策

　　　　　1　学生が個人の事情に応じて柔軟に修業年限を超えて履修し学位等
　　　　　　を取得する仕組み（長期履修学生）の導入
　　　　　2　専門大学院1年制コースの制度化
　　　　　3　通信制博士課程の制度化

2000年　　大学入試の改善について（答申）
　　　　第1章　大学入学者選抜の改善のための基本的な視点
　　　　第2章　大学入試センター試験の改善
　　　　第3章　各大学における入学者選抜の改善

2000年　　グローバル化時代に求められる高等教育の在り方について（答申）
　　　　　1　我が国を取り巻く状況と高等教育の更なる改革の必要性
　　　　　2　グローバル化時代において高等教育が目指すべき改革の方向
　　　　　3　我が国の高等教育の国際的な通用性・共通性の向上と国際競争力の
　　　　　　強化を図るための改革方策

1999年　　初等中等教育と高等教育との接続の改善について（答申）
　　　　第1章　検討の視点
　　　　第2章　初等中等教育の役割
　　　　第3章　高等教育の役割
　　　　第4章　初等中等教育と高等教育との接続の改善のための連携の在り方
　　　　第5章　初等中等教育と高等教育との接続を重視した入学者選抜の改善
　　　　第6章　学校教育と職業生活との接続

1998年　　21世紀の大学像と今後の改革方策について—競争的環境の中で個性
　　　　　が輝く大学（答申）
　　　　第1章　21世紀初頭の社会状況と大学像
　　　　第2章　大学の個性化を目指す改革方策

1997年　　高等教育の一層の改善について（答申）
　　　　　1　高等教育の一層の改善について

    2　大学設置基準等の改正について

1997 年　　21 世紀を展望した我が国の教育の在り方について（第二次答申）
    第 1 章　一人一人の能力・適性に応じた教育の在り方
    第 2 章　大学・高等学校の入学者選抜の改善
    第 3 章　中高一貫教育
    第 4 章　教育上の例外措置
    第 5 章　高齢社会に対応する教育の在り方

1997 年　　平成 12 年度以降の高等教育の将来構想について（答申）
    Ⅰ　今後における高等教育の発展の方向
    Ⅱ　高等教育の規模に関する考え方
    Ⅲ　平成 17 年度以降の高等教育の構想等

1996 年　　大学教員の任期制について（答申）
    1　大学における教育研究の活性化と教員の流動性
    2　大学教員の任期制
    3　関連施策の推進

1996 年　　21 世紀を展望した我が国の教育の在り方について（第一次答申）
    第 1 部　今後における教育の在り方
    第 2 部　学校・家庭・地域社会の役割と連携の在り方
    第 3 部　国際化、情報化、科学技術の発展等社会の変化に対応する教育
        の在り方

1995 年　　大学運営の円滑化について（答申）
    Ⅰ　検討の視点
    Ⅱ　大学をめぐる諸情勢の変化と大学運営の在り方
    Ⅲ　現在の大学における意思決定・実行のプロセスの課題
    Ⅳ　大学運営の円滑化のための改善方策

1991年　　平成5年度以降の高等教育の計画的整備について（答申）
　　　Ⅰ　本計画策定の基本的な考え方
　　　Ⅱ　今後における高等教育の整備とその発展の方向
　　　Ⅲ　高等教育の質充実について
　　　Ⅳ　高等教育の規模等について
　　　Ⅴ　関連する行財政政策の在り方
　　　Ⅵ　計画の補正及び引き続く新たな計画の策定の必要性

1991年　　大学教育の改善について（答申）
　　　Ⅰ　大学教育改善の基本的考え方
　　　Ⅱ　主要事項について
　　　　1　大学設置基準の大綱化等について
　　　　2　大学の自己評価について

1991年　　学位制度の見直し及び大学院の評価について（答申）
　　　Ⅰ　学位制度の見直しについて
　　　Ⅱ　大学院の自己評価について

1991年　　大学院の整備充実について（答申）
　　　Ⅰ　大学院の整備充実についての基本的考え方
　　　Ⅱ　具体的な整備充実の方策

1988年　　大学院制度の弾力化について（答申）
　　　Ⅰ　基本的な考え方
　　　　1　弾力化の必要性
　　　　2　答申の視点
　　　Ⅱ　具体的な方策
　　　　1　大学院の課程の基本に関する事項
　　　　2　大学院の組織に関する事項
　　　　3　大学院の教育課程に関する事項

1971年　　今後における学校教育の総合的な拡充整備のための基本的施策につ
　　　　いて（答申）
　　　第1編　学校教育の改革に関する基本構想
　　　　第1章　今後の社会における学校教育の役割
　　　　第2章　初等・中等教育の改革に関する基本構想
　　　　第3章　高等教育の改革に関する基本構想
　　　第2編　今後における基本的施策のあり方
　　　　第1章　総合的な拡充整備のための基本的施策
　　　　第2章　長期教育計画の策定と推進の必要性

1963年　　大学教育の改善について（答申）
　　　Ⅰ　大学の目的・性格について
　　　Ⅱ　大学の設置および組織編成について
　　　Ⅲ　大学の管理運営について
　　　Ⅳ　学生の厚生補導について
　　　Ⅴ　大学の入学試験について
　　　Ⅵ　大学の財政について

6. 教務の基礎用語

FD
教員が授業内容・方法を改善し向上させるための組織的な取り組みの総称。ファカルティ・ディベロップメント（Faculty Development）の略称。教員相互の授業参観の実施、授業方法についての研究会の開催、新任教員のための研修会の開催等が実施される。大学設置基準によって、FDの実施が大学に義務づけられている。

GPA
学生が履修した授業科目の成績から算出された学生の成績評価の値、あるいはその成績評価の方法。Grade Point Average の略称。アメリカの大学で用いられてきた成績評価の方法であり、国際化や厳格な成績評価という観点から多くの日本の大学でも取り入れられている。授業料免除や奨学金の選考基準、成績不振学生への対応に活用される。

IR
大学における諸活動に関する情報を収集・分析することで大学の質の向上を支援し、外部に対して説明責任を果たす活動。インスティテューショナル・リサーチ（Institutional Research）の略称。具体的には、学生への教育活動・支援とその成果の検証、認証評価と自己点検・評価の対応、中長期計画の策定等を行う。

LMS
学習管理システム。Learning Management System の略称。学生の学習のための教材等を配信するだけでなく、履修状況や成績の管理も行うことができる。課題の提出やそれに対するフィードバック等、教員とのコミュニケーションツールとしても活用される。

MOOC
オンラインを通じて各教育機関の講義動画を無償で視聴できるプラットフォーム。Massive Open Online Courses の略称。2000 年代初頭にアメリカで開始されて以来、世界的に展開する。条件を満たした受講者に修了証の発行を行うこともある。

ＰＢＬ

課題解決型学習（Problem Based Learning）。具体的な事象から学生が課題を発見し、その課題を解決するために自ら学習し、課題を解決するように導く教育方法である。医学・歯学・看護学・環境科学・法律実践・工学等のように、実践の場での課題解決が職業的スキルとして重要視される教育分野でしばしば採用される。具体的な学習課題を立てて少人数グループでプロジェクトを進めるプロジェクト型学習（Project Based Learning）もＰＢＬと呼ばれる。

ＳＤ

大学の教育研究活動等の適切かつ効果的な運営を図るための研修などの取り組み。スタッフ・ディベロップメント（Staff Development）の略称。大学設置基準では、ＳＤの実施を大学に義務づけ、その対象を事務職員に限定せず教員も含んでいる。

ＴＡ

教育の補助業務を担う大学院生。ティーチング・アシスタント（Teaching Assistant）の略称。学部学生等に対する助言や実験・実習等の教育補助業務を担当することで、教育トレーニングの機会を優秀な大学院生に提供するとともに、これに対する手当を支給し、大学院生の処遇改善の一助とすることを目的としている。

アクティブ・ラーニング

教員による一方的な講義形式の伝統的な教育とは異なり、学習者の能動的な学習への参加を取り入れた教授・学習法の総称。グループ・ディスカッション、ディベート、グループワーク、発見学習、問題解決学習、体験学習、調査学習等が含まれる。

アクレディテーション

教育課程、教員組織、管理運営体制、財政状況等の面から総合的に大学としての質を備えているかどうかを評価する制度。社会的に大学と認められるための手段である。もともとはアメリカにおいて任意の大学団体が、その団体が作成した評価基準に則して個々の大学の教育の質を認定してきた評価制度である。政府による評価ではなく大学団体による評価を行うシステムであり、アメリカ固有の制度的条件下で発展してきた制度である。

アセスメントテスト

学生の知識や技能、態度等の学習成果を直接評価によって測定する方法の総称。測定の結果は、教育の効果検証、カリキュラムの課題発見、学生への学習指導に用いられる。学外のテストが用いられることもある。

アセスメントプラン

大学教育の成果の点検、評価について、その目的、学位プログラム共通の考え方やルーブリック等の尺度、達成すべき質的水準および具体的実施方法等について定めた学内の方針。2020 年の「教学マネジメント指針」で提唱され、多くの大学で策定されている。

アドミッション・ポリシー

入学者の受け入れに関する方針。各大学・学部等がその教育理念や特色等を踏まえ、どのような教育活動を行い、どのような能力や意欲、適性等を有する学生を求めているのか等といった内容から構成される。入学者の選抜方法や入試問題の出題内容等に反映される。学校教育法施行規則において、カリキュラム・ポリシーやディプロ・マポリシーとともに公表することが義務づけられている。

インターンシップ

職場の監督下での一定期間の職業経験。学生の専攻分野に関連した業務なのか、フルタイムかパートタイムか、有給か無給か、短期間か長期間か等、形態はさまざまであるが、キャリア意識の涵養、職業的技能・態度・知識の獲得を目的に実施されている。インターンシップを正規の授業として単位化する大学もある。

エンロールメント・マネジメント

大学による学生数確保のための経営戦略。より広義には、大学が、学生募集から卒業までの間に一貫して行う修学支援のことを指す。退学者や修学意欲喪失者を減らし、より有効な修学指導を行うことを目的とする。

オナーズ・プログラム

学力や意欲の高い優秀学生のための特別プログラム。修得単位数やＧＰＡの基準、学生からの志望書、指導教員からの推薦等の書類で選抜された学生を対象として、高度な内容を扱う特別授業やプロジェクトを提供する。大学院の授業科目の履修を認めたりするものもある。

オフィスアワー

学生の相談や質問に教員が対応するための時間帯。この時間帯であれば原則として学生は事前予約なしで教員に面談することができる。シラバスに明示したり、学部ごとの単位で一覧化したりすることで学生に周知される。

オープンコースウェア

大学等で正規に提供された講義の教材とその関連情報をインターネット上で無償で公開する活動。2003年にアメリカのマサチューセッツ工科大学がオープンコースウェアのサイトを立ち上げ、その後世界中の大学にその活動が広がっている。日本においても20大学以上がオープンコースウェアのサイトを開設している。OCWとも呼ばれる。

オムニバス授業

複数教員が担当し、順次持ち回りながら進める授業形態。オムニバスは本来「乗り合い馬車」を意味する。授業内容について多様な視点から学ぶことが期待される一方、全体として統一性が弱くなりやすい等の課題もある。

学位

大学などの高等教育機関が卒業・修了相当の能力を証明するために授与する称号。日本では、学位規則において学位の名称や授与するための要件などが定められている。大学または大学改革支援・学位授与機構が授与することができる。

学位プログラム

学生が取得しようとする学位に対応したレベルと能力を明示し、その修得に向けて体系的に設計された教育プログラム。学部等の教員の所属組織の枠にとらわれず、分野横断的なカリキュラムの編成も可能になるように、学生の学習成果の視点で教育を捉え直すことを目指して提唱された。

学士力

中央教育審議会で提言された学士課程共通の学習成果に関する参考指針。2008年の中央教育審議会答申「学士課程教育の構築に向けて」で提示された。「知識・理解」「汎用的技能」「態度・志向性」「統合的な学習経験と創造的思考力」の4分野13項目から構成される。

学生定員

大学に受け入れる学生数の基準を定めたもの。通常1学年ごとの入学可能人員の基準を定めたものを学生定員または入学定員と称している。

学則

大学の組織体制、管理連営、学事等について定めた規則。大学の目的や組織の構成等を定めた「総則」、各学部の学生の修業年限や収容定員、教育課程等を定めた「学部通則」、そのほかの諸規則をまとめた「補則」といった構成をとっている。

学問の自由

学問的活動は知的好奇心に基づくものであり、外部の権威から介入や干渉をされることなく自由に行われるべきであるという考え方。日本国憲法第23条において、「学問の自由は、これを保障する」と規定されている。学問研究の自由、研究発表の自由、教授の自由が含まれ、これらを担保するための大学の自治の保障も含むと考えられている。

科目等履修生

必要な授業科目や興味関心のある授業科目のみ履修し、正課教育を部分的に受ける非正規学生。これによって認められた単位を、正課教育を受ける際に既修単位として、卒業要件や資格取得のための単位に組み込むことができる場合もある。

科目ナンバリング

授業科目に適切な記号や番号をつけて分類することで、学習の段階や順序等を表し、カリキュラムの体系性を明示する仕組み。コースナンバリングとも呼ばれる。大学内における授業科目の分類、複数大学間での授業科目の共通分類に用いられる。

カリキュラム

教育機関が掲げる教育目的を達成するための学習経験の計画。学習者に与えられる学習経験の総体と広くとらえられる場合もある。行政用語として使用される教育課程は、カリキュラムの中でも特に制度化され計画化された部分を指す。大学のカリキュラム編成においては、各機関に大きな裁量が委ねられている。

カリキュラム・マップ

授業科目と学習目標の関係、授業科目間の関係や順次性を示した図の総称。学生

と教職員がカリキュラム全体の構造を俯瞰できるようにすることで、体系的な履修を促す意図をもつ。卒業時に身につけるべき能力と授業科目を対応させるマトリクス型で示されるものもある。カリキュラム・マップのうち、特に順次性や授業科目間の関係性を示すことを重視してチャート型で示したものはカリキュラム・ツリーと呼ばれることがある。

カリキュラム・ポリシー

教育課程の編成および実施に関する方針。ディプロマ・ポリシーで定めた学習目標を達成するために、どのようにカリキュラムを編成し実施するかの方針をまとめたものである。学校教育法施行規則において、アドミッション・ポリシーやディプロマ・ポリシーとともに公表することが義務づけられている。

カリキュラム・マネジメント

教育機関の教育目的を達成するために、組織として継続的にカリキュラムの編成、実施、評価、改善を行う活動。主に初中等教育の学校の運営において用いられ、大学においては教学マネジメントという用語が使用されることが多い。

完成年度

新設した学部等に最初に入学した学生が卒業する年度。設置後、完成年度を迎えるまで、年次計画の履行や学生の入学状況、授業科目の開設状況等について文部科学省の調査が行われ、必要に応じて指導や助言がなされる。

キャップ制

1年間あるいは1学期間に履修登録できる単位の上限を設ける制度。帽子をかぶせるという比喩から上限設定を意味する。1999年に大学設置基準第27条の2第1項として規定されたが、成績優秀者には上限を超えて登録を認めることができることも示されている。ＣＡＰ制と記されることもある。

キャリア教育

学生の社会的、職業的な自立に向けて基盤となる能力や態度を育成することによって、学生のキャリア発達を促すための教育。大学での学習に対する目的意識をもたせたり、卒業後に必要となる汎用的技能を身につけたりすることを目的として行われるものが多い。

休学

学生の入学・退学・転学・留学等と並んで、学生としての身分関係を表す法令上の概念であり、大学に在籍する学生が、病気その他の理由により、学長から許可されるか命ぜられて、一定期間授業を受けない状態をいう。休学の要件、期間等については、学則等で規定することになっている。

教学マネジメント

大学がその教育目的を達成するために行う管理運営。ディプロマ・ポリシーで示した学習目標を学生が達成できるように、カリキュラムに編成、実施、評価、改善を行うことで、大学の内部質保証の確立を目指す。2020年の「教学マネジメント指針」において、教学マネジメントの基本的な方法が示された。

共同教育課程

複数の大学が共同で教育プログラムを編成する教育課程。通信教育課程および外国において単位を修得しなければならない課程は対象とならない。2009年に新たな大学間連携の仕組みとして整備された。大学設置基準において定められる。

教授会

学部等におかれる合議制の仕組み。構成員は教授に限らず准教授等の教員が含まれることも多い。現在の教授会の役割は学校教育法に基づいているが、旧制大学以来の学部自治の伝統の中で、実質的にはより大きな権限をもつ場合もある。

教職課程

教員免許を受ける資格を得るために教育職員免許法等で定められた科目を学生が履修する課程。免許の種類に応じて、教科に関わる専門的な授業科目のほかに、教職に関わる科目や特別支援教育に関わる科目等、必要な授業科目を履修する必要がある。

クォーター制

1年間を4つの学期に分ける制度。1つのクォーターを2か月程度にすることが多い。授業の開講頻度を週2回とする制度と併用することで集中的な学習を可能にしたり、海外留学を検討しやすくなるという利点もある。

研究生

特定のテーマについて研究を行う学生。定められた期間、特定の指導教員のもと

で研究を行う。法令上において特段の根拠はなく、大学において独自に定めているものである。単位を修得するには、研究生でなく科目等履修生の身分が必要となる。

高等教育
初等教育、中等教育に続く最終段階の教育。一般的に高等学校の卒業が入学資格である。日本では、大学、大学院、短期大学、高等専門学校の4年以上、専修学校の専門課程、文部科学省所管外の省庁大学校等が含まれる。

在学期間
学生がその教育課程を修めるために学ぶ期間（学生が大学に在学できる期間）であり、学則等で定める。修業年限を超えて学生が大学に在学できる期間でもある。法令上は特別の規定はなく、各大学が適宜在学可能な年限を定めている。

在学契約
入学に際し、大学が学生に授業や施設利用等の教育サービスを提供し、学生は学費を支払うという契約。民法に規定のない無名契約だが、契約としての効力があるとする立場から想定されている。学生が大学の構成員として学内規則を遵守する義務もここから発生していると考えることができる。2006年の学納金返還請求訴訟に関する最高裁判所判決で注目された。

サバティカル制度
一定期間ごとに研究のための長期休暇を大学教員に与える制度。大学によっては、休暇ではなく「サバティカル研修」と称し、研究のための研修と位置づけている。サバティカルという用語は、旧約聖書等で、7年目ごとに休耕し大地を休ませる安息の年をサバティカルイヤーと呼ぶことに由来している。一定期間務めた教員に対して、研究に専念する期間を与え、能力向上をはかる意義がある。

ジェネリック・スキル
特定の職業や組織で必要なスキル等とは異なり、職業や組織を超えて活用できる能力。コミュニケーション能力、問題解決能力、チームワーク能力、批判的思考力等が含まれる。2008年の中央教育審議会答申「学士課程教育の構築に向けて」において、学士課程共通の学習成果の参考指針として、ジェネリック・スキルを含む学士力の概念が提起されている。

収容定員

大学の学生収容可能人員の基準を定めたもの。収容定員については、大学設置基準において学部ごとに学則で定めるものとされている。

シラバス

授業科目における計画を示した資料。授業名、担当者、カリキュラムにおける位置づけ、学習目標、学習内容、評価方法や基準、教科書や参考書、授業時間外の学習課題などが記される。学生が授業の履修を決めるための資料として使用されるだけでなく、学生の授業時間外を含めた学習の指針の提示や教員相互の授業内容の調整等にも使用される。

早期卒業

成績優秀な学生を対象に、修業年限より早い時期の卒業を認める制度。学生からの申請に基づいて、ＧＰＡや評定の割合等の成績によって審査が行われることが多い。

単位制度

授業科目を単位に分けて修得していく制度。大学では 1 単位あたり 45 時間の学修を必要とすることが定められている。学習時間には予習復習等の授業時間外の学習も含まれる。学年ごとに履修する授業科目を定める学年制と対比する場合に単位制とも呼ばれる。

ディプロマ・ポリシー

学位授与の方針。卒業までにどのような能力の習得を目指すのか、学生が達成すべき具体的な学習成果が設定される。2005 年に中央教育審議会がまとめた「我が国の高等教育の将来像」答申において、アドミッション・ポリシー、カリキュラム・ポリシーとともにその重要性が指摘された。

テニュア

終身在職権。教員の自由な教育研究活動を保障するため、定年まで当該大学の教員としての身分を保障する制度である。また、優秀な人材を適切に確保するための仕組みとして、テニュア・トラック制度がある。これは任期制等により一定期間、若手研究者に裁量ある自立した研究者としての経験を積ませた上で、厳格な審査を実施し、その間の業績や研究者としての資質・能力が高いと認められた場合には、任期を付さずに上級の職を与えるものである。

特別研究学生

大学間の交流協定に基づいて来学し、研修指導を受ける学生。大学院設置基準では大学院の学生が他の大学院または研究所等で研究指導を受ける制度が定められている。修士課程の学生について認める場合、当該研究指導を受ける期間は、1年を超えることはできない。

特別聴講学生

大学間の交流協定に基いて来学し、授業科目を受講する学生。大学間相互の交流と協力を促進し、各大学の教育内容を豊富にし、また、それぞれが特色ある教育活動を活発に展開し得るようにすることを目的とする大学制度の弾力化の1つとして制度化された。

チュートリアル教育

少人数で構成された学生のグループに課題が与えられ、学生がその課題を検討し解決していく教育方法。イギリス等では、その担当教員をチューターと呼び、知識を提供する役割ではなく、議論を進行させる役割を重視する。

聴講生

聴講生制度は、法令上に特段の根拠はなく、大学において独自に定めているものである。学生以外の者に特定の授業科目を一般の学生と一緒に受講することを認める制度であり、受講を認められた者の学内における身分、呼称が聴講生である。

内部質保証

大学が自ら行う自己点検・評価と、それに基づく組織的な教育改善の活動。大学における教育研究活動への取り組み状況や、それによる学生の学習成果等を分析・評価しながら継続的な水準の維持に努め、教育の質が担保されていることを社会に対して保証する。

入学前教育

入学予定の学生に対して、入学前に実施する教育。総合型選抜等で入学が決まった場合、入学までの期間に行われるものもある。課題を出す、定期的な面接を設ける、大学入学共通テスト等の受験を推奨する等さまざまな方法で行われる。

認証評価

文部科学大臣の認証を受けた評価機関が、教育研究活動等の状況について行う評

価。各認証評価機関の評価基準に基づいて行われる。定められた期間ごとに評価を受けることが義務づけられているが、大学の場合は政令で定める期間は7年、専門職大学院の場合は5年である。

ピアサポート
仲間同士による支援の仕組み。大学においては、学生同士の相談や生活面での支え合いを意味する。先輩学生が後輩学生の相談に乗り、履修に関するアドバイスを行う等の取り組みがある。

プレイスメント・テスト
習熟度別クラス等への割り振り等を目的として、学生の学力を測定する試験。クラス分けテストやクラス編成テストと呼ばれることもある。入学前や入学直後に行われることが多い。

メジャー・マイナー制度
主専攻と副専攻を並行して学ぶことができる制度。主専攻だけでなく、幅広い分野の学習を進めることができる。主専攻と副専攻では必要とする単位数が異なる。副専攻を1つだけでなく2つ選べる大学もある。

ライティングセンター
学生の書き方を主に指導する部門。大学での学習において必要となる論文やレポート等の作成に関わる支援や指導を行うことを通して、文章表現の技能のみならず分析的理解や論理的思考を高めることを目的としている。

ラーニング・コモンズ
学習のための共有スペース。大学図書館に設置される事例が多く見られる。個人の学習はもとより、学生間の協同学習を推奨する意図がある。コモンズは「共有資源」を意味する言葉で、資源が共同で所有管理される仕組みや、そのように所有管理される資源そのものを指す。ラーニング・コモンズの場合は、場所の共有を通じて、学びや知識生産の価値をも共有することが期待される。

リカレント教育
個人の興味関心や職業上の必要性から行われる再教育のこと。多くの場合、生涯をかけて教育の場と職業の場を行き来しながら行われる学習を意味する。高度化、複雑化する社会に対応する上でその必要性が主張される。社会人の学び直し、継

続教育、リスキリング等の関連する用語がある。

リベラルアーツ
専門職業教育とは異なり、思考力や判断力の養成のための教養的知識の提供や、そのような能力を身につけさせることを目標にする教育。リベラルアーツの起源は、中世ヨーロッパの大学における自由七科である。リベラルアーツの教育を目的とした大学をリベラルアーツ・カレッジという。

リメディアル教育
大学教育を受けるための基礎学力を持たない学生が、大学教育を受ける前提となる基礎的な知識等を身につけさせるための教育。補習教育とも呼ばれる。入学前教育や大学で学ぶ上での基礎となる高等学校レベルの講義の実施等が例として挙げられる。推薦入学等で早期に入学が決定した者を対象とする入学前教育を含める場合もある。

ルーブリック
評価基準を観点と尺度で示した評価ツール。評価基準を明確化するために、それぞれの到達度を具体的に記述している点に特徴がある。さまざまな知識と技能を統合した学習成果を評価するのに適している。レポートの評価や実技試験等に活用される。複数の教員が、共通の評価基準で評価することができる。

参考文献

阿部充夫編（1987）『新版 大学運営必携』文教ニュース社

天城勲、慶伊富長編（1977）『大学設置基準の研究』東京大学出版会

有本章（2005）『大学教授職とＦＤ―アメリカと日本』東信堂

飯島宗一、戸田修三、西原春夫編（1990）『大学設置・評価の研究』東信堂

伊藤正己、加藤一郎編（2005）『現代法学入門（第4版）』有斐閣

WISDOM ＠早稲田（2008）『大学は「プロジェクト」でこんなに変わる―アカデ
　　ミック・アドミニストレーターの作法』東洋経済新報社

上西浩司、中井俊樹、齋藤芳子（2009）「教務部門が求める教務担当職員像―教務
　　部門事務責任者への全国調査結果」『大学行政管理学会誌』第 12 号、
　　pp. 179 - 186

上西浩司、村瀬隆彦、長尾義則、齋藤芳子、中井俊樹（2011）「教務部門の研修教
　　材開発から見えたＳＤの課題」大学教育学会第 33 回大会配付資料

大﨑仁（1999）『大学改革 1945 ～ 1999 ―新制大学一元化から「21 世紀の大学像
　　へ」』有斐閣

大場淳（2005）「欧州における学生の大学運営参加」『大学行政管理学会誌』第 9
　　号、pp. 39 - 49

小野勝士（2018）『教職課程事務入門 1』ジダイ社

小野勝士、周藤正樹（2019）『教職課程事務入門 2』ジダイ社

小野勝士、山田光子（2020）『教職課程事務入門 3』ジダイ社

小野勝士（2022）『教職課程事務入門 4』ジダイ社

海後宗臣、寺﨑昌男（1969）『戦後日本の教育改革 9 大学教育』東京大学出版会

苅谷剛彦（2020）『コロナ後の教育へ―オックスフォードからの提唱』中央公論新
　　社

喜多村和之（2000）『高等教育と政策評価』玉川大学出版部

教育政策研究会（1987）『臨教審総覧 上巻』第一法規出版

公益財団法人未来工学研究所（2022）「令和 3 年度「先導的大学改革推進委託事
　　業」「諸外国における学修歴証明のデジタル化に向けた導入事例・導入方法
　　に関する調査研究」学修歴証明デジタル化：グローバル・トレンドとナショ
　　ナル・イニシアティブ」

高等教育研究会（1991）『大学の多様な発展を目指してⅠ―大学審議会答申集』ぎ
　　ょうせい

高等教育研究会（2002）『大学審議会全 28 答申・報告集―大学審議会 14 年間の
　　活動の軌跡と大学改革』ぎょうせい

国際教育交流協議会（2012）『留学生受入れの手引き 増補改訂版』かんぽう

児玉善仁、赤羽良一、岡山茂、川島啓二、木戸裕、斉藤秦雄、舘昭、立川昭編（2018）『大学事典』平凡社

小林雅之（2007）「教育費負担と学生支援 海外調査と国際会議から」『アルカディア学報』2263号，No. 273

篠田道夫（2010）『戦略経営論―中長期計画の実質化によるマネジメント改革』東信堂

清水栄子、中井俊樹編（2022）『大学の学習支援Q＆A』玉川大学出版部

清水一彦（1998）『日米の大学単位制度の比較史的研究』風間書房

鈴木勲編著（2022）『逐条学校教育法 第9次改訂版』学陽書房

生和秀敏編（2016）『大学評価の体系化』東信堂

大学改革支援・学位授与機構（2021）『高等教育に関する質保証関係用語集 第5版』

大学行政管理学会学事研究会編（2010）『職員による職員のための大学用語集』学校経理研究会

大学審議会（1991）「大学教育の改善について（答申）」

大学法令研究会（1969）『教務事務職員のための大学運営の法律問題と基礎知識』学事出版

大学法令研究会編『大学関係事務提要（各年度版）』ぎょうせい

舘昭（2007）『改めて「大学制度とは何か」を問う』東信堂

田中征男（1995）『戦後改革と大学基準協会の形成』大学基準協会

中央教育審議会（2002）「大学等における社会人受入れの推進方策について（答申）」

中央教育審議会（2008）「学士課程教育の構築に向けて（答申）」

中央教育審議会大学分科会（2020）「教学マネジメント指針」

中央教育審議会大学分科会質保証システム部会（2022）「新たな時代を見据えた質保証システムの改善・充実について（審議まとめ）」

著作権法第35条ガイドライン協議会（2004）「学校その他の教育機関における著作物の複製に関する著作権法第35条ガイドライン」

著作物の教育利用に関する関係者フォーラム（2020）「改正著作権法第35条運用指針（令和3（2021）年度版）」

土持ゲーリー法一（2006）『戦後日本の高等教育政策 「教養教育」の構築』玉川大学出版部

出口博也、中井俊樹（2007）「教育実践における教員と職員の連携をどのように進めるか―米国の『強力な連携―学習に対する共有された責任』を事例として」『大学と教育』第45号，pp. 49-60

寺﨑昌男（2007）『東京大学の歴史―大学制度の先駆け』講談社

東海高等教育研究所編（2010）『大学を変える―教育・研究の原点に立ちかえって』大学教育出版

東京都私立短期大学協会（1994）『教務運営ハンドブック』酒井書店

マーチン・トロウ（天野郁夫、喜多村和之訳）（1976）『高学歴社会の大学―エリートからマスへ』東京大学出版会

中井俊樹編（2019）『大学ＳＤ講座１ 大学の組織と運営』玉川大学出版部

中井俊樹編（2021）『大学ＳＤ講座２ 大学教育と学生支援』玉川大学出版部

中井俊樹編（2022）『シリーズ大学教育の質保証１ カリキュラム編成』玉川大学出版部

中井俊樹、齋藤芳子（2007）「アメリカの専門職団体が描く学生担当職員像―学生担当職のための優れた実践の原則」『名古屋高等教育研究』第７号、pp. 169 - 185

中井俊樹、鳥居朋子、藤井都百編（2013）『大学のＩＲ Ｑ＆Ａ』玉川大学出版部

中留武昭（2012）『大学のカリキュラムマネジメント―理論と実際』東信堂

名古屋ＳＤ研究会（2011）『教務のＱ＆Ａ』名古屋大学高等教育研究センター

名古屋大学高等教育研究センター（2007）『ティップス先生からの７つの提案〈教務学生担当職員編〉』

名古屋大学高等教育研究センター（2007）『大学生の学習・発達を支える教務学生担当職員』

夏目達也、近田政博、中井俊樹、齋藤芳子（2010）『大学教員準備講座』玉川大学出版部

日本学術会議学術と社会常置委員会（2005）『現代社会における学問の自由』

日本学生支援機構（2018）「大学等における学生支援の取組状況に関する調査（平成29年度）」

日本学生支援機構学生生活部（2018）『合理的配慮ハンドブック―障害のある学生を支援する教職員のために』

日本学生相談学会（2019）『2018年度学生相談機関に関する調査報告』

日本学生相談学会編（2020）『学生相談ハンドブック（新訂版）』学苑社

日本私立大学協会（1977）『私立大学事務運営要項』

日本私立大学協会（1998）『学部の教育・研究を中心とした教務事務ハンドブック（1997年度版）』

日本私立大学協会（2010）『大学教務に関する実態調査集計結果』

日本私立短期大学協会（2019）『令和元年度 短期大学教務必携（第24次改訂版）』京文社

日本弁理士会近畿支部知的財産制度検討委員会新規業務研究部会（2007）『学校教育現場での著作権に関するＱ＆Ａ』

長谷川公一、浜日出夫、藤村正之、町村敬志（2007）『社会学』有斐閣

濱口桂一郎（2009）『新しい労働社会―雇用システムの再構築へ』岩波書店

早田幸政編（2020）『教員養成教育の質保証への提言』ミネルヴァ書房

福井有（2006）『大学のガバナビリティー―評価に堪えうる大学づくり』学法文化
　　センター出版部
福島一政（2010）『大学経営論―実務家の視点と経験知の理論化』日本エディター
　　スクール出版部
細谷俊夫、奥田真丈、河野重男、今野喜清編（1990）『新教育学大事典』第一法規
　　出版
宮地貫一編（1983）『大学人必携 今日の大学運営』文教ニュース社
宮地貫一編（1985）『改訂新版 大学事務職員必携』文教ニュース社
牟田博光（1993）『高等教育論』放送大学教育振興会
文部科学法令研究会監修『文部科学法令要覧（各年度版）』ぎょうせい
山形大学庶務部企画室（1998）『教務関係事務ハンドブック』
山本眞一（2006）『大学事務職員のための高等教育システム論―より良い大学経営
　　専門職となるために』文葉社
留学交流事務研究会『留学交流執務ハンドブック（各年度版）』第一法規出版

おわりに

　私の初版との出会いは教務係長の時でした。大学教務にはこれだけの深みと広がりがあることを知り感動したことを今でも覚えています。管理職になった今でも７つの指針は仕事に行き詰まる度に読み返し、前向きな気持ちにリセットすることが習慣となっています。初版からの読者の皆様の中には、私と同じような気持ちになった方もいるのではないでしょうか。

　教務をはじめ大学の諸活動を最前線で支えている業務の多くは「定型なのだから、できて当たり前」と言われることがあります。実際の現場は、大学を取り巻く環境の変化や頻繁に行われる制度改正に対応すべき業務が山積し、多様な人々が集い学びあう場であるからこその窓口対応業務も増加し続けています。

　教務は海外インターンシップの単位認定といった国際部門との協働をはじめ、地域連携や学生起業など様々な分野との協働が求められるようになりました。どの企画も大学教育として実施するのであれば教務の考え方は不可欠ですので、教務担当者はその企画を実現可能なものとするために、相手に合わせて教務の知識や経験をわかりやすく伝え、理解してもらう役割も担っています。

　このような職場環境の変化は、デジタルトランスフォーメーションをはじめとした仕組みの改善も重要ですが、その時の状況を踏まえて最適な行動を主体的にとることができるしなやかな職員の存在が何より必要です。その職員の育成には、知識や経験を学ぶことができる良質な教材と、困ったときに相談しあえる人脈が不可欠です。諸先輩方が立ち上げた名古屋大学高等教育研究センターの教務系ＳＤ研究会は良質な教材として初版を全国の大学教務の現場へ送り出しました。そして相談しあえる人脈の構築と、最新の政策動向をわかりやすく学ぶためのＳＤは、研究会代表の龍谷大学小野勝士氏によって体系化されました。大学業務の中で、ＳＤの環境がここまで整っている分野は他にないと思います。諸先輩方が築き上げてきたこの環境に、少しでも貢献できることを誇りに思い、また身の引き締まる思いで改訂に携わりました。

　今回の改訂は初版同様、執筆者を通じてご協力いただいた方々のご助言により刊行にこぎつけることができました。ご協力いただきました方のお名前は巻末の協力者一覧に記載しています。協力者以外にも本書のＱ＆Ａ部分を中心にコメン

トをいただき、原稿のブラッシュアップに役立てることができました。この場を借りてお礼申し上げます。そして何より、今回の改訂は小野勝士氏の献身的な編集支援によって実現できたことをここに記しておきたいと思います。次世代によって本書がさらに改訂されるよう、研究会では大学教務のプロ職員育成に努めていきたいと思います。

　本書が、全国の教務担当者との知見の共有に貢献できれば幸いです。

宮林　常崇

執筆者一覧（2023 年 4 月現在）

編著者

中井俊樹［なかい・としき］
愛媛大学教育・学生支援機構教授。専門は大学教育論、人材育成論。1998 年に名古屋大学高等教育研究センター助手となり、同准教授を経て 2015 年より現職。2023 年より教育学生支援部長を兼任。日本高等教育開発協会会長、大学教育イノベーション日本代表、大学教育学会理事を経験。「大学ＳＤ講座」、「大学の教授法シリーズ」、「看護教育実践シリーズ」のシリーズ編者。そのほかの著書に、『カリキュラムの編成』（編著）、『大学のＩＲ Ｑ＆Ａ』（共編著）、『大学教員準備講座』（共著）、『成長するティップス先生』（共著）などがある。

宮林常崇［みやばやし・つねたか］
東京都公立大学法人東京都立大学理系管理課長（学務課長兼務）。首都大学東京（現在の東京都立大学）で教務畑を中心に歩み、文部科学省出向、URA 室長、企画広報課長、東京都立産業技術大学院大学管理課長等を経て 2023 年 4 月より現職。一般社団法人公立大学協会事務局参与、名古屋大学高等教育研究センター教務系 SD 研究会・大学教務実践研究会事務局長。著書に『大学業務の実践方法』（共編著）、『大学教育と学生支援』（分担執筆）などがある。

執筆者

上西浩司［うえにし・ひろし］
大学教育学会会員。初代大学教務実践研究会代表。豊橋技術科学大学に入職後、主に入試、教務、広報、職員関連の業務に従事。在職中、名古屋大学に出向、また桜美林大学大学院国際学研究科で修士（大学アドミニストレーション）を取得。鳥羽商船高等専門学校学生課長、奈良教育大学入試課長、豊橋技術科学大学入試課長を務めた。

大津正知［おおつ・まさとも］
茨城大学情報戦略機構助教。専門は高等教育マネジメント。九州大学理学部物理学科卒。九州大学大学院比較社会文化学府博士後期課程（科学史専攻）退学後、九州大学特任助手、九州大学職員、中京大学職員を経て現職。職歴を通じて、教学改革、大学評価、ＦＤ・ＳＤ、ＩＲ等に従事。

小野勝士［おの・まさし］
龍谷大学社会学部教務課員。関西学院大学大学院法学研究科博士課程前期課程を修了し、2001 年に龍谷大学に入職後、教学部、財務部、文学部教務課、世界仏教文化研究センター事務部、研究部を経て 2020 年 7 月より現職。「教職課程事務入門」のシリーズ編著者。名古屋大学高等教育研究センター教務系ＳＤ研究会・大学教務実践研究会代表。

齋藤芳子［さいとう・よしこ］
名古屋大学高等教育研究センター助教。東京大学、同大学院にて材料学を専攻ののち、科学技術社会論分野へ転向。著書に『研究指導』、『研究者のための科学コミュニケーション starter's kit』（ともに共著）、訳書に『知のリーダーシップ 大学教授の役割を再生する』（共訳）など。平成 25 年度科学技術分野の文部科学大臣表彰若手科学者賞受賞。

辰巳早苗 ［たつみ・さなえ］

学校法人追手門学院 CX デザイン局基盤業務管理部システム企画推進課長。2003 年 4 月学校法人樟蔭学園に入職後継続して教務系業務に従事。2013 年学校法人追手門学院に入職。学部設置・大学庶務・認証評価・教員評価・教務、内部監査、併設中・高等学校、国際など多岐にわたる業務に従事し、2023 年 4 月より現職。

長尾義則 ［ながお・よしのり］

元名古屋大学職員。名古屋大学に採用後、学部教務掛、学生部学生課・入試課、学務部学務企画課等の教務畑を中心に従事し、研究所事務部長を最後に退職。退職後、1 つの学校法人を経験。

水谷早人 ［みずたに・はやと］

大学教職員組合書記。元日本福祉大学職員。大学行政管理学会名誉会員、同学会「教育マネジメント研究会」。論文に「『教職協働』による初年次ゼミナール実践」（共著）、「大学職員における「教育・学習支援の専門性」に関するアンケート分析の一考察—エンゲストロームの学習理論を観点として」（共著）ほか。

村瀬隆彦 ［むらせ・たかひこ］

九州大学はじめ国立 7 大学、鹿児島高等専門学校、放送大学において主に教務系の業務に携わる。大分大学学生支援部長を最後に国立大学を退職、2 つの学校法人を経て 2022 年 3 月まで学校法人梅村学園監事。大学教育学会会員。現在は医療法人史晴会理事。

第 2 版作成協力者

有馬美耶子（白百合女子大学）

伊東みさき（大谷大学）

上月翔太（愛媛大学）

恩田清範（龍谷大学）

島田知明（津田塾大学）

坂本規孝（愛媛大学）

砂田寛雅（愛媛大学）

藤原将人（立命館アジア太平洋大学）

前河泰正（大阪国際大学）

真鍋亮（愛媛大学）

村上健一郎（横浜国立大学）

高等教育シリーズ185

大学の教務Q&A　第2版

2012年3月25日　初版　　第1刷発行
2022年9月30日　初版　　第8刷発行
2023年8月10日　第2版　第1刷発行
2024年3月20日　第2版　第2刷発行

編　者 ———— 中井俊樹・宮林常崇
発行者 ———— 小原芳明
発行所 ———— 玉川大学出版部
　　　　　　　〒194-8610　東京都町田市玉川学園6-1-1
　　　　　　　TEL 042-739-8935　FAX 042-739-8940
　　　　　　　www.tamagawa-up.jp
　　　　　　　振替　00180-7-26665
装幀 ———— 渡辺澪子
印刷・製本 ———— モリモト印刷株式会社